EL ENIGMA

Dictado por el Espíritu
CONDE J. W. ROCHESTER

Psicografía de
MARÍA GERTRUDES

Traducción al Español:
J.Thomas Saldias, MSc.
Trujillo, Perú, Enero 2024

Título Original en Portugués:

"O Enigma"

© María Gertrudes 2003

Traducido de la 1ra edición portuguesa

World Spiritist Institute

Houston, Texas, USA

E-mail: contact@worldspiritistinstitute.org

Del Autor Espiritual

John Wilmot Rochester nació en 1ro. o el 10 de abril de 1647 (no hay registro de la fecha exacta). Hijo de Henry Wilmot y Anne (viuda de Sir Francis Henry Lee), Rochester se parecía a su padre, en físico y temperamento, dominante y orgulloso. Henry Wilmot había recibido el título de Conde debido a sus esfuerzos por recaudar dinero en Alemania para ayudar al rey Carlos I a recuperar el trono después que se vio obligado a abandonar Inglaterra.

Cuando murió su padre, Rochester tenía 11 años y heredó el título de Conde, poca herencia y honores.

El joven J.W. Rochester creció en Ditchley entre borracheras, intrigas teatrales, amistades artificiales con poetas profesionales, lujuria, burdeles en Whetstone Park y la amistad del rey, a quien despreciaba.

Tenía una vasta cultura, para la época: dominaba el latín y el griego, conocía los clásicos, el francés y el italiano, fue autor de poesía satírica, muy apreciada en su época.

En 1661, a la edad de 14 años, abandonó Wadham College, Oxford, con el título de Master of Arts. Luego partió hacia el continente (Francia e Italia) y se convirtió en una figura interesante: alto, delgado, atractivo, inteligente, encantador, brillante, sutil, educado y modesto, características ideales para conquistar la sociedad frívola de su tiempo.

Cuando aun no tenía 20 años, en enero de 1667, se casó con Elizabeth Mallet. Diez meses después, la bebida comienza a afectar su carácter. Tuvo cuatro hijos con Elizabeth y una hija, en 1677, con la actriz Elizabeth Barry.

Viviendo las experiencias más diferentes, desde luchar contra la marina holandesa en alta mar hasta verse envuelto en crímenes de muerte, la vida de Rochester siguió caminos de locura, abusos sexuales, alcohólicos y charlatanería, en un período en el que actuó como "médico."

Cuando Rochester tenía 30 años, le escribe a un antiguo compañero de aventuras que estaba casi ciego, cojo y con pocas posibilidades de volver a ver Londres.

En rápida recuperación, Rochester regresa a Londres. Poco después, en agonía, emprendió su última aventura: llamó al cura Gilbert Burnet y le dictó sus recuerdos. En sus últimas reflexiones, Rochester reconoció haber vivido una vida malvada, cuyo final le llegó lenta y dolorosamente a causa de las enfermedades venéreas que lo dominaban.

Conde de Rochester murió el 26 de julio de 1680. En el estado de espíritu, Rochester recibió la misión de trabajar por la propagación del Espiritismo. Después de 200 años, a través de la médium Vera Kryzhanovskaia, El automatismo que la caracterizaba hacía que su mano trazara palabras con vertiginosa velocidad y total inconsciencia de ideas. Las narraciones que le fueron dictadas denotan un amplio conocimiento de la vida y costumbres ancestrales y aportan en sus detalles un sello tan local y una verdad histórica que al lector le cuesta no reconocer su autenticidad. Rochester demuestra dictar su producción histórico-literaria, testificando que la vida se despliega hasta el infinito en sus marcas indelebles de memoria espiritual, hacia la luz y el camino de Dios. Nos parece imposible que un historiador, por erudito que sea, pueda estudiar, simultáneamente y en profundidad, tiempos y medios tan diferentes como las civilizaciones asiria, egipcia, griega y romana; así como costumbres tan disímiles como las de la Francia de Luis XI a las del Renacimiento.

El tema de la obra de Rochester comienza en el Egipto faraónico, pasa por la antigüedad grecorromana y la Edad Media y continúa hasta el siglo XIX. En sus novelas, la realidad navega en una corriente fantástica, en la que lo imaginario sobrepasa los límites de la verosimilitud, haciendo de los fenómenos naturales que la tradición oral se ha cuidado de perpetuar como sobrenaturales.

El referencial de Rochester está lleno de contenido sobre costumbres, leyes, misterios ancestrales y hechos insondables de la Historia, bajo una capa novelística, donde los aspectos sociales y psicológicos pasan por el filtro sensible de su gran imaginación. La clasificación del género en Rochester se ve obstaculizada por su expansión en varias categorías: terror gótico con romance, sagas familiares, aventuras e incursiones en lo fantástico.

El número de ediciones de las obras de Rochester, repartidas por innumerables países, es tan grande que no es posible tener una idea de su magnitud, sobre todo teniendo en cuenta que, según los investigadores, muchas de estas obras son desconocidas para el gran público.

Varios amantes de las novelas de Rochester llevaron a cabo (y quizás lo hacen) búsquedas en bibliotecas de varios países, especialmente en Rusia, para localizar obras aun desconocidas. Esto se puede ver en los prefacios transcritos en varias obras. Muchas de estas obras están finalmente disponibles en Español gracias al *World Spiritist Institute*.

Del Traductor

Jesus Thomas Saldias, MSc, nació en Trujillo, Perú.

Desde los años 80's conoció la doctrina espírita gracias a su estadía en Brasil donde tuvo oportunidad de interactuar a través de médiums con el Dr. Napoleón Rodriguez Laureano, quien se convirtió en su mentor y guía espiritual.

Posteriormente se mudó al Estado de Texas, en los Estados Unidos y se graduó en la carrera de Zootecnia en la Universidad de Texas A&M. Obtuvo también su Maestría en Ciencias de Fauna Silvestre siguiendo sus estudios de Doctorado en la misma universidad.

Terminada su carrera académica, estableció la empresa *Global Specialized Consultants LLC* a través de la cual promovió el Uso Sostenible de Recursos Naturales a través de Latino América y luego fue partícipe de la formación del **World Spiritist Institute**, registrada en el Estado de Texas como una ONG sin fines de lucro con la finalidad de promover la divulgación de la doctrina espírita.

Actualmente se encuentra trabajando desde Peru en la traducción de libros de varios médiums y espíritus del portugués al español, habiendo traducido más de 280 títulos así como conduciendo el programa "La Hora de los Espíritus."

Índice

INTRODUCCIÓN 10
PRIMERA PARTE..12
    Juventud de Cambises..13
    La Reina 18
    Presagios..22
    Cambises en Babilonia...26
    Consejos paternos...28
    Cambises, virrey de Babilonia 35
    Cambises, un rebelde..38
    Inicio del Cristianismo...39
    La Coronación..41
    Esmérdis 44
    Culto a Moloch...48
    La enfermedad 50
    Un Funeral...53
    La Despedida 57
    Luto en el país..62
    Otra pesadilla 64
SEGUNDA PARTE...67
    Cambises II, Rey absoluto 68
    La Farsante 73
    La venganza 78
    Al amanecer...84
    Egipto..86
    Intrigas y odios...90
    El artista Artestes-Dahr 93

Aristona 98
Prexaspes y Esmérdis 100
Sumo-sacerdote de Amón 103
Aristona y Artestes-Dahr 109
Celebración al buey Apis 111
La visita al interior del Templo de Amón 116
La Iniciación 119
Una presencia real 122
En el Palacio 126
El Sol de Osiris 127

TERCERA PARTE 133
Encuentro con la verdad 134
Planes contra el Rey 136
La desaparición del príncipe 140
Pasárgadas 143
Aristona sacerdotisa 145
Moloch 150
En Egipto 153
Un vago rayo de felicidad 156
Una sorpresa 160
La Mansión de los Muertos 166
La Fiesta 169
Un gran amor 172
La Venganza 177
La Princesa infeliz 181
Traición 183
Esmérdis, el príncipe persa 184

Darío 187
En Ecbátana 191
La Muerte del rey 193
La Historia está hecha de oportunidades 196
EPÍLOGO 198

INTRODUCCIÓN

La historia ha registrado poco sobre Cambises II, hijo y sucesor de Ciro, el gran rey persa. ¿Su actuación como rey aqueménida quedó casi borrada o insistieron en que fuera eliminada?

Con el debido respeto a los historiadores que narraron durante el apogeo persa, nuestra intención no es reconstruir lo que sin duda se ha olvidado, sino sacar a la luz la verdad sobre Cambises II, su trágico destino y su influencia.

La civilización persa alcanzó tanto poder, pompa y gloria que ni siquiera los pomposos romanos del futuro pudieron igualarlo.

El infortunado rey pasó como una sombra siniestra entre babilonios, egipcios y judíos.

Sin embargo, tras la muerte del cuerpo físico, el espíritu inmortal adquiere amplitud y puede, en un instante, pasar de una civilización a otra; forman la amalgama entre el pasado y el presente, solo el espíritu, despojado de materia densa, puede penetrar los arcanos celestes y descubrir los acontecimientos reales.

La historia citó el triste proceder de Cambises, su locura y su necedad; Su influencia política; sin embargo, fue mucho mayor de lo que se ha escrito. Quizás porque Cambises II, el neurasténico, no era más que un déspota rebelde, pasó como una sombra negra, ofendiendo las tradiciones religiosas de los babilonios y contradiciendo las costumbres persas que su padre había defendido hasta el último momento.

Las notas puramente materialistas no registraron el sufrimiento íntimo y atroz de un hombre atormentado por su propia necedad. Señor Absoluto, solitario y odiado, despreció el saludable consejo paterno de fidelidad a la familia y a la religión.

Cambises II, rey de los persas, rey del Alto y Bajo Egipto, considerado por los judíos como el anticristo mismo de su generación, juzgado cruel y loco, dejó un rastro de terror y sangre e hizo temblar al pueblo ante su furia demencial.

Con el permiso de los guías, relato la pasión de un hombre enfermo y frágil, que era como un ángel caído, consciente de sus debilidades, buscando ferozmente ascender al paraíso perdido después de un largo viaje de lucha por el planeta.

Rochester

Recanto de Paz, 11/01/2001

Dios inspira a los médiums que estudian.

PRIMERA PARTE

Juventud de Cambises

Un día, Cassandana[1], hija de Farnaspes, descendiente de la tribu aqueménida[2], acudió a uno de los oráculos del templo[3] y pidió ayuda a los espíritus para la salud de su hijo primogénito.

El oráculo había predicho que su hijo Cambises pronto sería coronado rey de Persia.

Su hijo padecía insomnio y maldad sagrada.[4]

Cambises era diferente a los demás. Tenía fiebre y su excitación alcanzaba el colmo del delirio en las noches de Luna llena. La preocupación materna estaba bien fundada.

Cassandana, al verse sola, en el templo, se atrevió a preguntar al oráculo:

- Oh, espíritu divino, que mantiene la armonía de la vida, dime ¿cuándo cesará el terrible mal que azota a mi pobre hijo?

---

[1] Cassandana, hija de Farnaspes: Farnaspes: príncipe de Anshan; se casó con Atossa, hija de Ciro I. Así, Cassandana, como su marido Ciro II (hijo de Cambises I), era nieta de Ciro I.

[2] Aqueménida: antigua dinastía persa, supuestamente descendiente del legendario Aguemenes, antiguo gobernante de un distrito del suroeste de Irán. Fundada por Ciro II el Grande en el 550 a.C., terminó en el 330 a.C. con la derrota de Darío III por Alejandro Magno.

[3] Los oráculos fueron introducidos en Persia después de la conquista de Grecia por Ciro. - Nota del autor espiritual

[4] La epilepsia, en la Antigüedad, era una enfermedad desconocida y sus efectos eran conocidos como mal sagrado, ya que era un indicio de gran mediumnidad entre los sacerdotes. El Espiritismo cataloga la epilepsia como la acción de un espíritu maligno sobre el médium como venganza, cuya acción persistente daña el cerebro de la víctima. - Nota del autor espiritual.

El espíritu del templo guardó silencio ante su pregunta.

El silencio la molestó. Pensó que los espíritus no le iban a responder e hizo ademán de irse.

Se dio la vuelta para irse, cuando una voz siniestra la obligó a detenerse.

Miró al oráculo, asustada.

Escuchó claramente un sonido, proveniente de las profundidades del templo o de las columnas en sombras. Temerosa de este fenómeno, quiso huir, pero el miedo la mantuvo extasiada.

- ¡Oh mal sagrado! ¡Oh! ¡Oh! ¡Oh! ¡La ira de Moloch![5]

Cassandana se estremeció y lamentó estar allí sin la presencia del sacerdote.

Era la temida voz de la oscuridad. Esos espíritus se rieron de ella y de su hijo.

Ante esas palabras, siguió una risa terrible y enormes figuras parecieron emerger de las columnas, aterrorizándola.

Una ráfaga de viento apagó las antorchas y la mujer huyó despavorida.

Cassandana llegó rápidamente al porche y solo se sintió aliviada cuando se encontró a salvo en su camerino.

- ¡Escuché a Arimá[6] y ahora se quedará conmigo! - Pensó angustiada, hundiendo la cabeza entre ambas manos y tirándose al suelo, en profunda contrición.

---

[5] Moloch era un dios adorado en la antigüedad, en el antiguo Iran. Esta entidad perversa y burlona introdujo bebidas alucinógenas en sus cultos (el culto al ahoma) para mantener el dominio total sobre sus médiums. Su nociva influencia trajo grandes daños a las mentes que se aliaron con él, a través de sus cultos exóticos en rituales macabros, que culminaban con el sacrificio de niños y mujeres.

[6] El Dios de la sombra, Arimá, la personificación del Mal, que está ante el Dios de la Luz, Ahura-Mazda, la personificación de Berna, enseñanzas provenientes del profeta Zaratustra o Zoroastro que dominó Persia en tiempos de Ciro. - Nota del autor espiritual.

Su cabeza estaba llena de terribles augurios sobre el mal sagrado y el destino de su amado hijo y se esforzó en ocultar lo que había presenciado, temiendo la ira de aquellos espíritus.

Días después, la reina cayó gravemente enferma.

Ningún médico pudo diagnosticar su enfermedad. Los sacerdotes, sospechando de algún maleficio, la trataban con oraciones, hierbas medicinales y ofrendas a los dioses del templo. Pero el soberano quería mantenerse alejado de los sacerdotes y de esos demonios.

Quizás todo sucedía porque su hijo primogénito prestaba poca atención a las lecciones del Libro Sagrado[7].

La desgraciada reina, tan envidiada y rica, no recibió de su marido el cariño que ansiaba.

Farnaspes, su padre, la había entregado en matrimonio solo para anexar territorios medos[8] a los dominios persas. Sin embargo, ella amaba a Ciro[9] con todo su corazón. Sintió celos de la atención que él prestaba a las jóvenes esclavas, a las bellezas, con quienes ella no podía competir.

A la mujer de Arica le sobraban motivos para estar infeliz.

✳ ✳ ✳

En lo profundo de sus pensamientos, la reina escuchó que alguien gritaba en el patio:

- ¡Tranquilo, los dioses actuarán!

---

[7] Libro Sagrado: El Libro Sagrado del Zoroastrismo y el Avesta, escrito originalmente en iraní antiguo, un idioma similar al sánscrito védico.

[8] Territorios Medos: Pueblo que habitaba el antiguo Reino de Media, en la región noroeste de Irán, al sur del Mar Caspio.

[9] Ciro II, el Grande: Fundador del Imperio Persa, hijo y sucesor de Cambises I. Sometió a Media, Lifidia y Babilonia, liberando a los judíos allí exiliados. La palabra "Cyrus" (Koresh) significa "sol."

Era Cambises,[10] que amenazaba con sufrir otro ataque epiléptico.

-¡Oh! ¡No! - Exclamó la madre, sorprendida. El heredero al trono sufrió otro asalto. Ningún médico fue capaz de actuar eficazmente sobre aquella divina maldición.

Sus crisis iban precedidas de visiones aterradoras, que le hacían gemir por la casa como si lo golpearan seres invisibles.

Desesperado y sin alivio, el muchacho se retorcía frenéticamente.

Algunos esclavos cantaban para que el espíritu maligno se fuera. Colocaban ramas de plantas medicinales y aromáticas, hacían penitencia y se tendían en el suelo. Cualquier intento fue inútil.

Nadie pudo detener la furia de ese ataque. Los esclavos, asustados, contemplaron impasibles la escena.

Cambises, después de retorcer todo el cuerpo, exhausto, caía al suelo y siempre se lastimaba al caer. Como resultado de esto, quedó cubierto de hematomas en la cabeza, la cara y el cuerpo.

Una baba blanquecina brotó de su boca, mezclándose con flema.

-¡Arimá, Arimá...! - Exclamaron, juzgando que era el genio malvado en persona.

No era feo, pero su apariencia, en ese momento, se volvió repulsiva.

Cuando volvió en sí, tenía la ropa mojada de sudor y su cabello negro apelmazado, sus pupilas dilatadas y sus ojos brillantes y rojos.

Sus propios hermanos lo evitaban, asustados.

---

[10] Cambises: No confundir con Cambises I, rey de Ansham y padre de Ciro II. Cambises II, personaje central de esta obra, fue hijo y sucesor de Ciro II, el Grande, y gobernó Persia entre el 529 a.C. y el 521 a.C.

La crisis duraba unos minutos, aunque parecía una eternidad.

- ¡Ha cesado! - Exclamó un esclavo, aliviado. Nadie se atrevió a tocarlo.

El palacio vivía un momento de silencio total. Solo se podían escuchar las oraciones provenientes del harém.

Los sirvientes observaron desde lejos y esperaron a que su amo despertara.

Lo que sucedería después, nadie podría haberlo imaginado, ya que Cambises, al salir de la crisis, miró alrededor de la habitación con sospecha. Parecía ver más allá de las apariencias, nada cerca pasaba desapercibido.

Los sirvientes se alejaron sin hacer comentarios, tratando de no molestarlo.

Sin embargo, el espíritu, la chispa divina que todo lo registra, tenía plena conciencia de aquella tragedia y se rebelaba ante las miradas discretas pero críticas, ¿o los entes burlones se estaban vengando de él?

Los pensamientos de esas personas no tenían barreras para él. Su conciencia pareció expandirse y todos quedaron allí, atrapados por ese magnetismo que irradiaba de él.

Extraño y amargado, percibía el miedo de todos, entonces se rebelaba, buscando la soledad.

Cambises subió a la montaña más cercana y no se marchó hasta que pasó la perturbación que invadía su alma. Otras veces montaba su caballo, se internaba en el bosque y solo regresaba al anochecer.

La Reina

Un día, bajo la sombra de las palmeras datileras, la reina y una mujer estaban conversando, cuando un ruido y unas risas llamaron su atención.

Fueron los hijos de Cassandana los que corrían, seguidos por los esclavos.

La amiga observó, atentamente, cómo los dos muchachos disparaban flechas, en una competencia pacífica. Eran hermosos y atléticos. Se encontraron siendo observados por las mujeres y se esforzaron en mostrar sus músculos y su puntería.

Astrudes quiso animar a la infeliz soberana y le hizo un cumplido espontáneo:

-¡Oh! ¡Cassandana, nunca había visto hombres tan bellos entre los hijos de monarcas...!

Cassandana sonrió ante la observación, pero sabía cuánto le costaba.

- ¡Oh! ¡Mi buena Astrudes, tan hermosos como infelices!

Apreciar la belleza de sus hijos le resultó casi imposible en medio de tantos contratiempos.

¿Cómo puedes ser feliz si vivía rodeada de sirvientes y familiares insatisfechos?

El palacio era un mundo de intrigas domésticas y la indiferencia de su marido era lo que más la hacía sufrir.

Era imposible estar contenta con tantas disputas entre súbditos, los consejeros del rey y sus hijos que estaban celosos. El gran harém, custodiado por eunucos, constituía un foco ardiente de insinuaciones malévolas.

Luego respondió, lamentándose:

- Sí, Astrudes, pobres niños, Ciro ni siquiera nos mira. De mi señor solo recibo desprecio. Tiene su atención centrada en las campañas y el harém de nuevos esclavas que lo acompaña a todas partes, ¡no lo deja sentir mi falta!

Astrudes la miró en silencio, sin valor para animar el tema que la molestaba, pero Cassandana siguió hablando, necesitando ese día para desahogar su dolor.

- ¡De qué me sirve el título de reina si me humillan como a la peor esclava! Me siento deprimida y pienso en morir. Ciro solo tiene ojos para Nitetis[11], la esclava egipcia a la que mantiene como rehén. ¿Qué debo hacer si mi hijo enfermo y vulnerable requiere de mi cuidado? - Le confesó a su amiga.

Exactamente en ese momento, Cambises pasó junto a ellas y escuchó a su madre quejarse; fingió estar distraído para entender el asunto.

La escuchó mencionar a la esclava egipcia y sus oídos se animaron. En verdad, Nitetis era una mujer hermosa y astuta, quien recientemente había sido llevada a palacio y asumía el aire de una reina. Intrigante y sensual, era la única esclava que se había acostado con el rey más de una vez.

El apuesto joven se acercó a las dos damas, hizo una elegante reverencia, se quitó el lazo de la espalda y lo levantó en alto, deseando animarlas

- Señoras, ¡ante ustedes está el Señor de Persia, Babilonia y Egipto!

Sin entender el motivo de aquel acto, las dos mujeres se rieron.

Pero Cambises continuó levantando el arco al cielo:

- Madre mía, te lo prometo, cuando sea rey destruiré a Egipto de un extremo al otro y no quedará nada de él.

---

[11] Nitetis: princesa egipcia, hija del rey Apries (595 a. C. - 568 a. C.); le dio a Ciro dos hijas: Atossa y Aritona.

Su tono enfático las asustó y, sin entender por qué se expresaba así, guardaron silencio. Debería ser otro chiste de Cambises. Su hijo, cuando quería, se convertía en la persona más tierna y encantadora. Cassandana sonrió y le dijo a Astrudes:

- No entiendo a mi hijo, sus actitudes me asustan.

Cuando volvió, el joven había desaparecido en el jardín, entre los troncos de las palmeras.

Las dos mujeres se olvidaron de él y volvieron a su futilidades.

El príncipe; sin embargo, se dio cuenta del sufrimiento de su madre y pensó, disgustado:

"Nitetis es la causa de sus lágrimas..."

Y a partir de entonces la esclava favorita de Ciro se ganó un feroz enemigo.

Cambises nunca olvidaba una afrenta, por pequeña que fuese. Egoísta y vanidoso, perseguía implacablemente a cualquiera que se atreviera a cruzarse en su camino o herir a alguien que amaba.

El futuro heredero, voluble a veces, misántropo otras, hablador, era lo que se podría llamar un genio del mal. Era turbulento y comenzaba peleas con sus hermanos, haciéndolos sufrir terribles humillaciones por discusiones insignificantes. Los sirvientes temían sus bromas. No dudaba en torturar a los esclavos y cargarlos como si fueran jabalíes, obligándolos a correr en cuatro patas.

Los esclavos sabían que, si eran capturados, serían sometidos al destino más duro y huían aterrorizados.

- ¡Urutu...! ¡El urutu! ¡Urutaú!

Así lo llamaban los esclavos.

- ¡Escóndanse! - Susurró un esclavo, alertando a los demás y ninguno se atrevió a aparecer.

Y los sirvientes, obligados a atenderlo, quedaron aterrorizados.

Hubo muchas quejas, pero fue inútil, el rey nunca estuvo presente, involucrado en viajes y conquistando cada vez más territorios. Esta situación solo mejoró cuando el príncipe dio largos paseos por las montañas y bosques con un grupo de jóvenes eunucos y fuertes portadores de esclavos. Nadie se atrevió a comentar lo que allí estaba pasando.

Cambises representaba un peligro constante.

El extraño príncipe, sin amigos, no se permitía ni una mirada de lástima ni la más mínima broma respecto a su problema; i esto sucediera, el desafortunado sería castigado con la muerte.

Como resultado, muchos esclavos perdieron las orejas, a otros la lengua y a la mayoría les arrancaron las uñas y les quemaron los dedos.

Presagios

Una vez por semana, Cambises acompañaba a su madre al templo para recibir la bendición del sacerdote y calmar sus impulsos sanguinarios.

El sacerdote examinó al joven príncipe, lo exorcizó, pero salió de allí peor de lo que entró.

Los hechizos utilizados por el sacerdote le provocaron risa.

Su comportamiento oscilaba entre arrebatos de bondad, que rayaba en la exageración y la crueldad indescriptibles a los ojos humanos. Nunca se sabía cuál de los dos sentimientos surgiría entre una crisis y otra: la bondad ciega o la crueldad loca.

La vida de la familia noble, rodeada de la más alta pompa y realeza, estuvo coronada por la incertidumbre.

Esmérdis Tanaoxares[12], el hermano menor de Cambises, y sus dos hermanas, Atossa y Aristona, estaban distraídos jugando a palos y dados en el balcón cuando Cambises se acercó a ellos. Su apariencia no era nada nata y su mirada inyectada en sangre los asustó.

Los hermanos se miraron y adivinaron la próxima crisis.

Esmérdis aconsejó:

- Hagamos como si no lo vimos. Es mejor...

Y siguieron disfrutando del juego...

No sabemos por qué, no pasó nada. Vieron a su hermano alejarse, aliviado.

---

[12] Esmérdis: hermano de Cambises II, los persas lo llamaban Bardia; El nombre Esmérdis fue dado por el historiador griego Herdoto

Cambises; sin embargo, celoso de la amistad de los tres y de la alegría de aquel inocente juego, se alejó incómodo y pronto algo lo traicionó.

Esmérdis no podía ser el favorito de sus hermanas.

La pasividad de su hermano le irritaba y esa visible afinidad que le mostraba Aristona le dolía profundamente.

"A Aristona no podía gustarle más Esmérdis que él" -, pensó para sí mismo.

- Moveré este pasatiempo - murmuró con desprecio. El alivio que sintieron los hermanos duró poco.

Al poco tiempo, Cambises regresó acompañado de un esclavo que traía una jaula y en su interior un cachorro de león.

Durante días había estado entrenando a ese feroz animal. Asustada, Aristona, la hermana menor, se escondió detrás de Esmérdis, buscando protección.

Su actitud solo irritó más a Cambises, quien ordenó al criado:

- ¡Ve a buscar los cachorros de Usna!

Usna era la perra grande que formaba parte de su entretenimiento diario y cada hermana adoptaba a uno de sus cachorros.

Cuando vio las pequeñas mimosas en brazos de sus hermanas, se volvió hacia el sirviente que sostenía la jaula del león.

- ¡Suelta el fuego! - Ordenó, refiriéndose al cachorro de Usna, y luego instó al león a subirse a los cachorros de Usna.

- ¡Déjalos pelear! - Ordenó Cambises, sabiendo que su león era más fuerte.

Esmérdis, preocupado por el desenlace de la historia y las intenciones de su hermano, supo que no valía la pena ir en su contra.

- Déjenlo - susurró a las dos hermanas.

- No, Esmérdis, no el mío - gritó Aristona, aterrorizada, abrazando al encantador cachorro.

Mientras tanto, Atossa, abrazada al otro perro, intentó escapar.

Cambises la miró irritado y la agarró del brazo, ordenando:

- ¡Quédate!

- ¡Me estás hiriendo!

Sin prestar atención, se volvió hacia el esclavo que, indeciso, sostenía la puerta de la jaula.

- ¡Libéralo de la jaula! - Exclamó el príncipe enojado. El león fue inmediatamente liberado para luchar.

Cambises lo instigó sin piedad.

- ¡Ve, Fuego, busca tu carne fresca!

El animal abrió mucho la boca y corrió tras el perro de Atossa, que no era más que un dulce perrito.

Todo lo que hizo falta fue que el león entrara en escena para iniciar los gritos. La lucha desigual comenzó, ante la mirada aterrada de sus hermanas.

El cachorro de Usna se defendió de las garras, valientemente, mientras el otro perrito permanecía atrapado por la cadena en la mano de Esmérdis. El cachorro; sin embargo, al ver a su hermano atrapado, se angustió y, en un momento de descuido de Esmérdis, se liberó y se arrojó furiosamente contra el león, dando una intensa lucha para salvar a su hermano. Desafortunadamente, el león maltrató al valiente perrito, mientras que el otro logró escapar.

La terrible escena dejó una profunda impresión en el alma de los hermanos.

- ¡Odio a Cambises! - Exclamó Atossa, insultada por lo que había visto.

- Nuestro hermano es un enfermo mental - dijo Aristona, tratando de suavizar su enfado.

- ¡No lo defiendas, Aristona, Cambises es malvado y ojalá desapareciera! - Exclamó Atossa con verdadero odio.

Nunca olvidaron este hecho y la actitud de quien, en el futuro, se convertiría en rey y a quien tendrían que someterse.

Desgraciadamente, Cambises sería rey absoluto y su destino estaría en sus manos.

Las dos hermanas de Cambises eran sus medias hermanas y cada una era hija de madres diferentes.

Aristona, la menor, era bella, inteligente y dulce. Atossaja tenía una belleza tosca, cuyo espíritu atrasado denotaba un genio perverso y mezquino.

Ambas; sin embargo, quedaron bajo la tutela de Ciro y, desde pequeñas, fueron entregados a Cassandana para que las educara. Ciro quería convertirlas en princesas del reino. Se utilizarían para enviarlos a futuros reyes como bienes preciosos.

Cambises en Babilonia

El tiempo pasó.

Ciro y su ejército disfrutaron de sus conquistas. Las grandes riquezas acumuladas los mantuvieron en reposo durante mucho tiempo. Los generales y soldados que destacaron ocuparon puestos relevantes junto al rey.

Esta vez, Cambises acompañó a su padre a Ecbátana[13], donde se concentraba un gran tesoro.

El joven príncipe, mientras montaba en su hermoso animal, miró altivamente a sus hermanos y lanzó un beso a su madre, luego saludó con la mano y dijo:

- ¡Vuelvo enseguida!

- ¡Que Dios permita que Cambises muera allí! - Maldijo Atossa, cuando se encontró sola con su hermana.

- No hables así, Atossa, Cambises es nuestra sangre y nuestro futuro rey - dijo Aristona preocupada.

- ¿No sabes que tiene la intención de llamarme su esposa, esperando la muerte de nuestro padre? - Dijo Atossa con tristeza.

- Imposible, si estás prometida a Darío... - dijo Aristona, quien sabía de la conversación entre su padre e Hystaspes, el padre de Darío.

- Estoy muy contenta con esta decisión, porque Darío me agrada y al casarme con mi hermana seguramente estaré lejos de

---

[13] Ecbátana: Capital del reino de los medos, fundada a finales del siglo VII. Actualmente se llama Hamadan.

las garras de este malvado... ¡No sabes cuánto anhelo alejarme de este palacio infernal! - Exclamó Atossa feliz con la noticia.

A Tanaoxares, a diferencia de Cambises, le gustaba el silencio del templo. Su espíritu meditativo y tranquilo era el favorito de sus hermanas, pues la trataba con respeto y tenía paciencia al escuchar sus quejas infantiles.

Mientras las hermanas hablaban, Tanaoxares Esmérdis se acercó con aire de mago, vestido de lino blanco y con un fajín lila alrededor de la cintura.

Esmérdis soñaba con llegar a ser un gran sacerdote. Sonriendo, hizo una observación que, por supuesto, complacería a tus hermanas.

- ¡El templo nunca ha estado tan ocupado! - Exclamó en tono travieso.

- ¿Por qué?

- Fue extraño, Atossa.

- Las ofrendas de hoy serían suficientes para alimentar a una tribu - respondió con una sonrisa enigmática, que se comprendió de inmediato.

- Es por Cambises... - dijo Aristona, quien inmediatamente comprendió la alusión.

- Los esclavos, mutilados por él, hicieron sus donaciones para que los dioses lo persiguieran y nunca regresara - explicó Esmérdis con una sonrisa enigmática.

Las hermanas se rieron, al menos estarían libres de él por un tiempo.

Todos los que tenían antipatía por los primogénitos se sintieron aliviados y ofrecieron dádivas a los dioses para que Ciro no pereciera en la guerra, porque si Cambises asumía el poder correrían gran peligro.

Consejos paternos

El amado rey se había ganado los corazones de los babilonios y los judíos con sus felices concesiones y por lo tanto gozaba de una gran estima entre los pueblos esclavizados.

Los reinos de Media, Babilonia y Grecia, sujetos a él, ahora se fusionaron, formando Mesopotamia[14].

Necesitaba dominar Egipto para completar sus conquistas. Mantuvo relaciones amistosas con los egipcios, que, en parte, ya le pertenecían, pues el faraón Amasis[15] le pagaba tributo, a través de la alianza que había hecho con Creso[16], rey de Lidia. Siguiendo una buena política, Ciro permitió que los egipcios siguieran siendo autónomos. El gran gobernador tenía los ojos vueltos más allá del río Jaxartes[17] - quería conquistar el país de Massagetas.[18] Difícil enfrentarse a esas tribus bárbaras, que harían todo lo posible para defender las fronteras orientales.

---

[14] En el 539 a.C. Ciro había conquistado el valle mesopotámico y Caldea, formando el poderoso Imperio Persa.

[15] Faraón Amasis: Amasis (Ahmes o Ahmose) II (? - 525 a. C.): Rey de Egipto (569 a. C. - 525 a. C.), durante la dinastía XXVI. Murió poco antes de la invasión persa de Cambises II.

[16] Creso, rey de Lidia: Creso: Último rey de Lidia (560 a.C. - 547 a.C.), un antiguo reino situado en la parte occidental de Asia Menor: Creso extendió su territorio hasta el río Halis, pero acabó siendo derrotado por Ciro II.

[17] Río Jaxartes: Actualmente Syr Darya (o Syrdarya), uno de los principales ríos asiáticos que se extiende desde Kazajstán hasta Uzbekistán.

[18] Padres de los Massagetas: Massagetas: Término dado por Heródoto para designar a la tribu nómada conocida por los persas como Mah-Saka y que habría vivido a lo largo del río Jaxartes.

- Padre mío - dijo el príncipe -, tengo un objetivo al acompañarte.

- ¿Cuál sería ese objetivo, hijo mío? - Preguntó Ciro analizando las intenciones de su heredero.

- Mi deseo es convertirme en dueño de Egipto. Y no descansaré hasta dominar a este pueblo. ¡No entiendo por qué no lo has sometido todavía, padre mío!

- Espero, hijo mío, que sean personas muy religiosas, que puedas ganártelos consiguiendo su sumisión, siempre y cuando no les impidas reverenciar a Dios. Caso contrario, no dudarán en rebelarse. Preferirían morir antes que renunciar a su religión. La similitud de los babilonios, ya que solo me gané su confianza después de permitirles perpetuar sus cultos y tradiciones. ¿Y qué pasa? - filosofó Ciro, seguidor del zoroastrismo[19].

Cambises se mordió el labio inferior, molesto porque no estaba de acuerdo con las ideas religiosas de su padre.

- Cada pueblo tiene su propia creencia y su modo peculiar de venerar a Dios - aconsejó; sabiamente, Ciro.

- Eres muy tolerante, padre mío. Ya pienso que todos deben someterse a la voluntad del soberano. ¡Cuando yo gobierne, destruiré a los dioses que adoran y haré que se doblequen a mi voluntad! - Exclamó lleno de ira contra aquellos judíos que impusieron su voluntad.

---

[19] Zoroastro o Zaratustra y su código moral (el Avesta) constituyeron la religión oficial adoptada por Ciro. El profeta Zoroastro recibió instrucciones a través de Ahura-Mazda, creador del cielo y de la Tierra. Sus cultos se realizaban en la naturaleza y sus seguidores adoraban al fuego, elemento sagrado y purificador. Bebían ahoma (una bebida alucinógena) para tener visiones. Cuando el rey abolió este uso, porque perjudicaba a sus seguidores, los que no quedaron satisfechos formaron una sociedad secreta. Esta sociedad se desarrolló en Media y creó una escuela de cuerpos que practicaban sus cultos, el ocultismo, con el sacrificio de animales y personas.

- ¿A qué Dios les enseñarías a reverenciar, Cambises? - Le preguntó su padre, irónicamente, porque su hijo era reacio a las prácticas religiosas de su país.

Cambises guardó silencio.

El padre esperó su respuesta con una sonrisa en los labios.

Luego insistió, curioso, porque ya había sondeado las tendencias de su querido hijo y sospechaba de sus misteriosas prácticas:

- Dime hijo, ¿quién es este Dios?

Ante la mirada penetrante de Ciro, el joven príncipe respondió, nervioso:

- ¡Moloch! - La palabra salió ahogada de su boca. Ciro se rio.

Luego, muy serio, miró fijamente a Cambises a los ojos:

- ¿Moloch, antigua deidad del mal? ¡Oh! ¡Todos quieren olvidarlo...! ¿Quieres reavivar su llama? ¡Oh! Cambises, todo persa debe temer al Mal como la noche teme a la esfera. ¡Nunca te dejes guiar por los poderes del Mal y los cultos malsianos! ¿No sabes, hijo mío, que Ahura-Mazda representa el eterno Berna? Berna vencerá todo mal, el alma que habita en el cuerpo sobrevivirá y será responsable ante Dios de sus acciones.

Preocupado por las pasiones de su excéntrico hijo y el destino de su pueblo, así como por las reuniones secretas del antiguo culto, Ciro pacientemente le aconsejó:

- El culto a Moloch pertenece a la legión del mal. ¡Olvídalo, Cambises! - Ordenó el padre -. Los babilonios se esfuerzan por olvidar a Moloch y su fuego destructivo. Nunca lo han dicho desde que adoptaron a Marduk [20] - afirmó, queriendo evitar un enfrentamiento entre su hijo y los babilonios.

Persia fue influenciada por las tradiciones religiosas de los babilonios, los griegos y los medos. Ciro creía en la inmortalidad del alma e hizo oficial el zoroastrismo como religión persa, pero

---

[20] Marduk era el dios principal de Babilonia.

para mantener el orden interno el sabio rey toleró los cultos de sus conquistados.

- Mira, hijo mío, desde que nuestras generaciones adoptaron a Zaratustra como profeta bendito, todo empezó a ordenarse. Te pido: que mantengas la armonía entre los pueblos, mientras Moloch solo hará sufrir bárbaramente a quienes se mezclen con él.

¡Arimá!

Cambises permaneció en silencio, porque él y algunos jóvenes habían estado adorando a Moloch y practicando magia oculta.

Su padre pensó que su silencio expresaba su consentimiento y luego continuó:

- Berna, Cambises, quiero que sepas mi estrategia, porque ha sido el éxito de mis logros. No se gobierna bien con la imposición. En cuanto al pueblo, es mejor hacerlo feliz como esclavo, dejándolo libre en las prácticas religiosas - explicó, refiriéndose a los judíos -. Es muy humillante para un rey convertirse en esclavo de otro rey. Piénsalo mejor, Cambises, un día no tendrás que hacer concesiones...

A lo que Cambises respondió con altanería:

- ¡Cuando llegue este día, padre mío, tendré a todo el pueblo unido en un solo gobierno, entonces Persia será el pueblo, y el pueblo hablará mi idioma y obedecerá a un Rey!

Era inútil discutir con su hijo y su irreverencia juvenil. Lo miró con compasión y, como visualizando el futuro, dijo:

- ¡Oh! Querido hijo, qué equivocado estás al pensar que una batalla solo se puede ganar en el primer momento. Un rey esclavo, aliado con el rey dominante, es la clave para el éxito. Así se rompe la fuerza del enemigo. ¡Por eso, aprovecha lo que otras personas tienen para ofrecernos...! ¡Qué equivocado estás, hijo! Un rey no necesita cetro y corona para gobernar, se necesita tiempo para que los conquistados lleguen a aclimatarse... Pensando en todo esto, es mejor tener un aliado bajo los pies, que un pueblo entero sometido a la fuerza y sublevado. No es fácil, Cambises, mantener un orden perenne, no se puede. Nunca descuides las satrapías[21].

Cambises admiraba al gran monarca que le precedió, pero no pudo dejar constancia de sus sabios consejos. Reconoció la mano de hierro del rey que estrechaba los lagos de sus conquistas, pero no admitía la tolerancia religiosa.

Ciro pareció adivinar sus dificultades y advirtió:

- Nunca olvides, Cambises, que los hombres, en el futuro, se postrarán ante un solo Dios: el Dios Nacido. Llegará el día en que un Profeta, un solo hombre, podrá unir a todas las naciones y establecer su reino legítimo entre el cielo y la Tierra. Esto es lo que habló el profeta Zaratustra y está incluido en el libro sagrado.

Las palabras del rey lo confundieron. Moloch habló en voz alta a sus sentidos. El profeta del que se jactaba su padre permaneció muy distante e irreal.

Las nociones religiosas adoptadas en Persia, y el juicio de las acciones de cada ser por parte de un Dios Nacido, como la libertad de elegir el camino entre el bien y el mal, confundieron la mente del príncipe persa, que se inclinaba por el culto al mal.

De hecho, la esencia de esta antigua doctrina era despertar en las conciencias la responsabilidad de sus acciones.

- Estás dando problemas a estos judíos, padre mío - reaccionó críticamente -. ¡Pronto habrá un templo en cada rincón del país! - Dijo Cambises queriendo deshacerse de ese tema inapropiado y juzgando las actitudes condescendientes de su padre, incompatibles con la religión persa.

- ¡No, hijo mío, el verdadero sentimiento persa está en el corazón y en el culto a la naturaleza! A estas personas no se les debe obligar a recibir una instrucción que su mente no comprende -

---

[21] Satrapías: Cada una de las provincias en que se dividía el antiguo imperio persa.

explicó Ciro, una vez más -. Desde Ciaxares[22] y ¡así ha sido! Un verdadero persa nunca había construido altares y templos. ¿Para qué necesitamos templos, si no es por la naturaleza exuberante y la cúpula azul que nos cubre?

- Estos judíos, padre mío, quieren templos suntuosos, mientras nosotros construimos altares al fuego y amamos la vida libre y el disco solar que nutre la tierra de la sangre aqueménida que corre por nuestras venas? - Argumentó Cambises, quien no estaba de acuerdo con los grandes recursos que su padre dedicó a la construcción de templos judíos.

- Nuestra religión nos pide tolerancia. ¡Jamás lo olvides!

Cambises guardó silencio, porque esto es lo que habló el profeta Zaratustra.

Ciro entonces aprovechó ese momento, pensando que su hijo podría entenderlo:

- Nunca te olvides, Cambises, porque serás mi sucesor. Escucha, los judíos me declararon siervo de Yahweh...[23] Es el honor más grande que me han concedido y algunos creen que soy el enviado de Dios, pero después de una conversación privada con el gran mago, les digo que se engañan, porque el Dios que viene en carne no conoce guerras ni maldades. Ahura-Mazda reinó en el Eterno.

- ¿Qué nuevo Dios es éste, padre mío, tan cobarde? - Dijo en tono burlón de quien no ve nada.

- Los libros sagrados narran que su poder es soberano sobre todo mal y todos se inclinarán ante él, su conquista será eterna, él es el ungido del Señor absoluto. Él es el Príncipe de la Luz que destierra toda oscuridad del mundo... ¡Es Ahura-Mazda!

---

[22] Ciaxares II, hijo y sucesor de Fraortes, conquistador medo. Él fue el verdadero constructor del Imperio Medo. Alrededor del 612 a.C. Tomó Nínive y luego conquistó Mesopotamia.
[23] ítulo otorgadopor los judíos a Ciro, por su tolerancia religiosa y por permitirle restaurar sus templos y regresar a Jerusalén. Nota del autor espiritual.

- ¡Padre mío, pobre soberano cuya cabeza está llena como una copa de vino de las ideas de estos semitas! [24] - Se burló Cambises, encarándose a su padre, deseoso de interrumpir aquella conversación.

- Te equivocas, Cambises, el poder del rey es tan fugaz e incierto, que mañana ocuparás mi lugar, si sobrevives... ¡Somos solo seres mortales!

Ciro quiso prepararlo mejor, pues contaba con él para continuar el destino de su imperio, pero solo el tiempo pudo cambiar a su hijo.

---

[24] Semita: Familia etnográfica y lingüística, originaria de Asia occidental, y compuesta por los hebreos, los asirios, los arameos, los fenicios y los árabes.

Cambises, virrey de Babilonia

La familia real se encontraba en Persépolis [25], donde diariamente llegaban caravanas cargadas de tesoros conquistados en Ecbátana.

Meses después, la familia y la corte se trasladaron a Babilonia, donde Ciro tenía gran interés en quedarse más tiempo, para poder disfrutar del largo viaje y de los grandes logros alcanzados.

Era el momento adecuado para coronar a Cambises.

Con gran entusiasmo la caravana real partió para asistir a la coronación de Cambises en Babilonia.

Ciro, considerado por los judíos como el enviado de Yahwé, se rindió a los rituales judíos y les permitió restaurar los templos. Decretó su regreso a la tierra prometida; tal actitud eliminó la discordia política y religiosa y su concepto.

Creció entre aquellos hombres arraigados en sus leyes y tradiciones. ¿Qué importancia tendría ese dios Marduk, ante quien se inclinaba la Babilonia caldea? Mientras mantuvieran la paz y pagaran sus impuestos...

---

[25] Persépolis se convirtió en la capital del antiguo Imperio persa aguem énida en la época de Darío I, sucesor de Cambises II; fue incendiado por Alejandro Magno en el año 331 a.C.

Ciro también reconoció la fuerza de los magos orientales que escuchaban a los espíritus y adivinaban el futuro. Intentó sacar el máximo provecho para sí mismo y su pueblo.

Proclamado rey de Babilonia, todo el Cercano Oriente le pertenecía ahora. La idea de convertir a Cambises en virrey molestó a sus consejeros, que pensaban que el rey se apresuraba, pero ¿quién se atrevería a cuestionar sus decisiones?

- Hystaspes - llamó el consejero - mientras Cambises asume el trono, buscaremos el país de los Masagetas, pues tengo gran interés en ese lugar de piedras preciosas y otras riquezas. Anexaré un territorio vano a mi imperio, forzando la frontera oriental.

A Hystaspes, el principal consejero del rey, no le agradó ver a Cambises ocupar el trono. "Está loco", pensó.

Hystaspes estaba vinculado al rey por lazos de sangre, pero aun quería intervenir, aunque sabía que sus súplicas serían inútiles.

- Debería esperar un poco más, majestad, ¡treinta Lunas más! - respondió el consejero, refiriéndose a Cambises.

- ¿Cómo te atreves a pensar que es temprano, Hystaspes? Cambises II tiene edad suficiente para hacer valer su autoridad.

- Edad sí, pero poco juicio - se atrevió Hystaspes, que odiaba a Cambises.

El consejero tenía la intención de ver a Darío, uno de sus hijos, más tarde coronado rey aqueménida, restaurar el antiguo reinado de Media. La relación entre él y la princesa Atossa fue el primer paso, pero Cambises y Tanaoxares constituyeron un obstáculo para sus proyectos.

Se sintió con derecho a dar su opinión. Excluyendo a los dos sucesores legítimos de Ciro, Darío, su hijo, tendría la oportunidad de ascender al trono de Persia y Media.

Lamentablemente, Ciro descartó cualquier hipótesis que retrasara la coronación.

El soberano se dio cuenta de las intenciones de su primo y, para no dejar más dudas sobre su decisión, lo miró con una mirada llena de poder y sonrió melifluamente:

- No te preocupes, Hystaspes, tu hijo permanecerá con Cambises como su lugarteniente principal.

Hystaspes fingió no darse cuenta de la ironía y frunció el ceño. Ciro dirigió una mirada altiva a sus consejeros y ordenó:

- ¡Preparen la coronación de Cambises!

Ninguno de ellos se atrevió a oponerse más.

Estaba hecho.

Cambises, un rebelde

Ciro y su hijo conversaban sentados en un terrazo de piedra.

- ¡Eres joven! ¡Tendrás tiempo de aprender! ¡Luchemos! ¡Verás, hijo mío, que al aceptar a Marduk, tendremos la los Babilonios sumisos a nuestra voluntad!

Cambises se mostró rebelde a las ideas de su padre.

A nivel espiritual, estaba claro que el príncipe persa estaba siendo acosado por entidades malignas vinculadas al culto de Moloch. Ante la insistencia de su padre, su frente se volvió oscura y lúgubre, lista para tener una nueva crisis.

Esas perversas entidades espirituales, antiguas deidades malignas, no le dieron paz. Surgieron de su antiguo pasado, del sacrificio de criaturas inocentes al dios del mal, abusaron de su alma para vengarse.

Eran las víctimas de Moloch, atormentadas por la sangre y el fuego que le exigían la paz. Una voz espesa y ronca habló dentro de su cabeza, instándolo a obedecer a su padre y luego hacer lo que quisiera. Esa voz siniestra no jugó con él. Luego intentó cambiar de táctica rápidamente.

Cambises se dio cuenta que su padre nunca cedería ante él, no le quedaba más alternativa que obedecer:

- ¡Será como desees, padre mío!

- ¡Eso dices, Cambises! - Exclamó su padre besándolo en los labios.

Ciro sacó de su anillo un anillo de esmeraldas y se lo entregó a Cambises.

- ¡Aquí tienes mi sello!

Inicio del Cristianismo

El gran rey permitió que los judíos regresaran a Jerusalén, rehabilitó sus templos y les permitió hablar en sus idiomas. Su harém se incrementó con más de dos mil esclavas judías, todas jóvenes y hermosas.

La cultura persa, bajo la influencia de los griegos y de todo el Cercano Oriente, sufrió grandes cambios en costumbres, leyes y fe religiosa.

Los esclavos recibieron el Avesta, que incorporaba la idea del bien y del mal y la superioridad del bien sobre todos los hechos de la gran India. Bajo la égida del profeta Zaratustra, Dios preparó el corazón de Mesopotamia insertando su ley sagrada: "No hagas a los demás lo que no quisieras que te hicieran a ti."

La enseñanza del profeta fue un verdadero llamado al hombre al deber, infundiendo miedo sobre el destino de los malvados y gloria sobre el destino de los buenos.

El legendario profeta Zaratustra fue uno de los enviados de Jesús a la tierra para preparar, en el corazón de Mesopotamia, un código de ética, capaz de llevar al hombre a pensar en un ser supremo, en el dualismo entre el bien y el mal. Una invitación a alejarse de los poderes del mal y volverse digno de la Luz.

En aquella maraña de pueblos bárbaros, de lenguas y culturas, una mezcla de pensamientos e ideales fue formando una nueva sociedad que, en el futuro, recibiría a Jesús como el Mesías que vendría a redimir al mundo.

Cambises II; sin embargo, rechazó esas ideas para seguir su culto a Moloch y a los haoma[26], el mismo que defendió hasta su muerte su abuelo, un sanguinario guerrero aqueménida, cuyo nombre y características había heredado.[27]

---

[26] Haoma: Un tipo de narcótico tóxico utilizado en la antigua Persia para la comunicación con el mundo espiritual en los rituales de sacrificio de animales; Zoroastro se opuso a su uso.

[27] En la época de Cambises, abuelo de Cambises II, los persas se vestían con pieles de lobos y se transformaban ellos mismos en lobos en una danza frenética bajo el efecto de la planta alucinógena y levantaban altares de fuego, sacrificaban seres humanos y bebían la sangre de sus víctimas y luego fue a la guerra con lobos voraces. Aplicaban el conocimiento sagrado de la religión para fortalecerse en la guerra -. Nota del autor espiritual.

La Coronación

Enorme séquito siguió al rey.

Cambises se mordió el labio, intentando controlarse.

Su mirada mostraba su prisa por deshacerse de aquellos honores, que para él eran mediocres y aburridos.

Su padre insistió en que su coronación se realizara delante del dios Marduk.

Semejante agitación del alma provocó en él un violento ataque. La ceremonia fue pospuesta.

Los bailarines, al son de los tambores, interpretaron una extravagante coreografía prevista para la ceremonia, y nadie más se preocupó por el joven rey.

Momentos después, pálido como un cadáver, Cambises se sometió a los rituales babilónicos.

Se vistió con ropas sacerdotales y siguió la ceremonia, que no significaba nada para él.

Disgustado por el ceño fruncido que debería haber reverenciado, se inclinó y apoyó la frente en el suelo, en una profunda reverencia. Obedientemente, escupió en el suelo.

Luego de ese suceso, las expectativas a su alrededor aumentaron. Cambises, con el rostro altivo, con la mirada fría y distante, finalmente escuchó tres veces la misma frase:

- ¡Cambises II, hijo mío, coronado virrey de Babilonia!

Los súbditos reverenciaban al gran rey y a su hijo. Tres veces se inclinaron y gritaron:

- ¡Cambises, nuestro rey!

Ciro exhaló un suspiro de alivio y Hystaspes cerró el puño de rabia.

Darío siguió toda la ceremonia junto a Atossa y Aristona. El envidioso pretendiente a la corona disimuló su disgusto, pensando con cuál de las dos debería formalizar alianza. El largo ritual continuó hasta bien entrada la noche. El esfuerzo que había hecho Cambises por controlarse agotó sus energías y, tras la coronación, fue retirado, porque se produjo un nuevo ataque epiléptico.

Aquel joven moreno, al que en adelante debían someterse, no agradó a los babilonios, pero nada se pudo hacer ante la voluntad de su soberano.

Todos, por respeto, se arrodillaron cuando se fue.

Doce días y doce noches de festividades precedieron a la ceremonia de coronación con fastuosos banquetes, bailes, ofrendas de flores y animales a la entrada del Año Nuevo Babilónico.

Tras la coronación, Ciro regresó a Pasargadas [28] para reorganizar su ejército y construir un puente. Despidió unos mensajeros, con regalos carísimos, en un intento de proponer una alianza a la reina de los Massagetas, su próxima conquista.

- ¡Saldremos hacia el Sur! - Ordenaron a sus generales.

Ciro, despótico, parecía un gran árbol, a cuya sombra todos se deleitaban.

El rey, a pesar de su edad, seguía siendo fuerte y apuesto. Nadie puede superarlo en sabiduría y presencia. El gran magnetismo que irradiaba no tenía rival. Su personalidad siempre estuvo rodeada de un montón de aduladores que lo copiaban en las más mínimas actitudes. Ciro, vanidoso, se deleitaba en aquellas disputas infantiles.

---

[28] Pársagadas: Capital de Persia durante el reinado de Ciro II, situada a unos 87 km al noreste de Persépolis.

Generalmente se reunían bajo una enorme tienda de campaña, mientras los camellos y los caballos descansaban. Ciro pronunció largos discursos ante sus generales, quienes descansaron entre bostezos, bebidas y bellas esclavas. Ofreció a sus generales hermosas mujeres para entretenerlos. Las mujeres que fueron descartadas nunca regresaron a su harém.

Otras reuniones oficiales tuvieron lugar en el interior del palacio, en presencia de algunos magos y sacerdotes que rodeaban a Ciro. Tiempos en los que se incluyeron en el Avesta nuevas leyes sobre cultos y sus efectos. Estas reuniones tenían un carácter menos mundano.

- A todos los niños recién nacidos se les afeitará la cabeza - decretó el rey.

- Todo hombre que tenga pelo en la cara llevará el pelo largo.

- Los sacerdotes portarán la mitra en sus propias ocasiones.

Un secretario anotaba en tablillas aquellas leyes de usos y costumbres. En esa maraña de cultos y religiones era necesario decretar algunas normas necesarias para los hijos de esclavos.

- Los hijos de Babilonios serán sometidos a circuncisión - continuó el soberano.

- Las mujeres brindarán obediencia y servicio y las que estén sucias serán mantenidas en alojamientos separados.

Cambises escuchó atentamente analizando aquella carta que luego pasaría a formar parte de su vida diaria. Solo esperaba que su padre se retirara con las tropas para imponer libremente su voluntad, como soberano.

Había heredado de su padre el espíritu guerrero y audaz, pero su ansia por dominar a sus enemigos, convertirlos en esclavos, disfrutar de las bellas esclavas era enorme. Quería volver a llevar a Moloch a los escenarios, al gusto de sus pasiones. Estaba demasiado nervioso.

Esmérdis

Tanaoxares Esmérdis se había convertido en mago.

El mago se regocijó cuando su padre y los soldados partieron a campañas de guerra. Meses en los que el palacio y la ciudad se vaciaron y los cultivadores del campo llenaron los graneros y los artesanos trabajaron incansablemente.

La ciudad estaba serena. Todos podían disfrutar cazando jabalíes y practicando puntería con arco y flecha. Correr libremente por el bosque.

Los dos hermanos habían participado en cultos babilónicos, judíos y semitas y habían comprendido la esencia filosófica de cada fe.

Todos adoraban los sacrificios de animales, a excepción de los escitas, que todavía sacrificaban seres humanos.

Esmérdis, dedicado a la magia, había alcanzado los siete estadios, mientras Cambises, bajo el efecto del haoma, se perdía en la búsqueda del Eterno.

Cambises y algunos compañeros aprovecharon la ausencia de Ciro para perpetuar el culto a Moloch. Para ello, él y un grupo de jóvenes se dirigieron a las montañas, a los lugares más desiertos, donde se erigieron altares de piedra en plena naturaleza. Encendieron hogueras, se sentaron en círculos, mientras uno de ellos lanzaba al fuego castañas del árbol sagrado. Las castañas quemadas despedían un humo y un fuerte olor que los embriagaba y algunos empezaban a tener visiones.

En las entrañas de los animales y en la sangre de las víctimas creían poder desentrañar el futuro y hacerse más fuertes.

Esta droga actuaba sobre sus cerebros, provocando visiones y cambios fisionómicos. Tenía los ojos dilatados, la nariz y la boca parecían agrandarse como si estuvieran hinchadas. Esmérdis criticó a su hermano por sus excesos, pues ese peligroso ritual que distrae a los jóvenes tuvo consecuencias muy graves. Muchos guerreros fueron demasiado lejos y, tras ese culto, perdieron la razón o se volvieron inútiles, otros sucumbieron.

Cambises; sin embargo, no quiso escucharlo, porque fue bajo la influencia de esa droga y de ese ritual que emergió todo su potencial energético.

- Te estás excediendo, Cambises, podrías perder completamente el sentido. ¿Recuerdas a Abdías, el mago, que murió tan joven?

- Sí, pero era débil y cobarde - respondió despreocupado.

- Muchos han abolido el sacrificio de seres humanos - dijo Esmérdis, que no aprobó ese ritual con sacrificio de vidas humanas -. Mira a los babilonios… - Continuó convenciéndolo Esmérdis.

Cambises gimió. Esmérdis insistió:

- ¡Nuestro padre es considerado por ellos un enviado de Dios mismo! ¡Y uno de los elegidos de Israel! Le dieron el mayor honor. ¿Y si se descubren nuestros cultos a la luz de la Luna? Crearías tanta enemistad, y no sé si valdría la pena, Cambises…

- Si temes al Licor de los dioses, Esmérdis, no puedo hacer nada. No me someteré a cambios.

- Ya no participaré, Cambises - dijo finalmente Tanaxoares, cansado de batirse a duelo en vano.

- ¡Irás mañana! - Ordenó Cambises altivo.

- No puedes obligarme - se quejó Esmérdis con calma, sin dejarse intimidar.

- Necesito que te lo preguntes, Esmérdis – insistió Cambises con dolor en la voz -. Solo esta vez más.

- ¡Te lo ruego, no me ruegues!

Esmérdis permaneció indeciso. Cambises se rio de su hermano.

- Eres un gran cobarde, hermano, ¿por qué no lo intentas? ¡Todos tus poderes aumentarán! Después de todo, ¿a qué le tienes miedo? ¡Solo ganarás!

- No – respondió Esmérdis, con prudencia. Cambises guardó silencio.

Ese silencio fúnebre convenció a Esmérdis que no se encontraba bien. Conocía todas sus debilidades, pero temía abandonar las extravagancias de sus cultos en las montañas.

- Prexaspes te hará compañía - dijo Esmérdis convencido.

- Lo sé, pero te necesito - volvió a pedir.

- Quizás lo haga, por última vez – dijo Esmérdis, dándole esperanza.

No estaba dispuesto a participar en el ritual. Pero, ¿quién se llevaría a Cambises a casa? - Pensó, consciente de su loca imprudencia.

Cambises no conocía todos los efectos de esa planta maldita y temiendo una reacción peligrosa, Esmérdis miró a su alrededor, vio a Prexaspes y lo llamó:

- Prexaspes, no podemos dejar a Cambises solo – pidió Esmérdis, preocupado por el desenlace de esa próxima noche de Luna -. No confío en Darío.

Para Cambises, ningún servicio era más emocionante que aquel bajo la luz de la Luna. El culto solo terminó con el sacrificio de niños inocentes, de jóvenes o de un buey, en ausencia de los primeros.

Todo era propicio, Ciro ya había partido hacia Ecbátana.

Tanaoxares no quiso abandonar a Cambises.

- Prexaspes, iré, pero debes saber que será la última vez. Ciro abolió tales prácticas y, si nos descubre, seremos desterrados - le explicó a su amigo.

Culto a Moloch

Cambises aprovechó la ausencia de su padre hacer realidad sus deseos.

Este culto extravagante tuvo lugar raramente, pero dejó marcas horribles en las almas de quienes participaron en él.

Bajo la hermosa luz de la Luna de Mesopotamia, canciones y tambores anunciaron la llegada del rey.

Moloch se encontraba horriblemente entre las dos columnas de piedra, en cuyos extremos había dos antorchas que iluminaban sus rostros. La enorme máscara pintada estaba envuelta en un tocado de plumas rojas y blancas, el cuerpo estaba vestido con piel de tigre y plumaje blanco en los extremos. Nadie podría adivinar quién estaba allí bajo ese terrible disfraz.

Moloch parecía un animal, un pájaro, un ser de las profundidades de la tierra, el genio mismo del mal encarnado allí, fuera cual fuera la persona que se escondía bajo su apariencia.

Los tambores sonaban bajos y, poco a poco, los sonidos se fueron volviendo ensordecedores. Las víctimas aparecían transportadas en camillas, casi desnudas.

Una de las víctimas tenía la piel muy blanca que resaltaba a la luz de la Luna: era una niña, la última víctima de esa ceremonia.

Ningún mortal podría registrar una escena más macabra. Una flecha atravesó la punta de sus pechos erectos.

La niña, bajo los efectos de la droga y del miedo, simplemente temblaba.

Dos lágrimas brotaron de unos ojos tristes cuando un fino puñal le arrancó el órgano genital y luego el corazón, el cual fue entregado a Moloch, quien primero bebió la sangre y luego se la entregó a Cambises quien, impasible, sorbió aquel líquido rojo aun caliente desde el interior de su víctima.

Ese gesto terminó por agotar el resto de fuerzas del infortunado príncipe quien, incapaz de soportar el peso de aquel momento, cerró los ojos y se desmayó.

Ni siquiera vio cómo colocaban a la víctima entre las dos columnas y la ofrecían al dios maligno de las tinieblas.

Al día siguiente, ninguno de aquellos jóvenes se atrevió a comentar sobre el ritual.

En sus rostros se podía ver una tortura íntima drenando sus energías. Todos parecían hechos de cera y, como zombies, permanecieron melancólicos, nerviosos e irritables, blandos e insatisfechos durante varios días.

Cambises fue confinado en cama con fiebre muy alta y fue tratado con pociones medicinales y compresas en la región frontal.

Esmérdis también huyó a la reclusión y pasó días en completo ayuno y oración hasta que pasó el terrible malestar...

La enfermedad

Ciro partió hacia las grandes llanuras de Irán, pero enfermó durante el viaje. La fiebre y el dolor en la frente no le daban paz.

Lo llevaron apresuradamente de regreso a Pasargada.

El dolor en la región ocular, que se extendía por todo el cráneo, terminó por aniquilar al valiente monarca.

Ningún médico pudo curarlo. Entonces apelaron a la ciencia egipcia.

- El rey les ordena que traigan un médico egipcio, solo ellos saben tratar eficazmente esta enfermedad - dijo Jenefres, secretario del rey, a los oficiales.

Inmediatamente, algunos súbditos con tesoros partieron para traer al mejor médico de Egipto ante la presencia del rey.

Egipto, gobernado por Amasis, fue el único pueblo que permaneció rindiendo homenaje a Ciro, pero independiente.

Amasis recibió la noticia con una leve sonrisa. Odiaba a esos bárbaros persas, a pesar de sus relaciones amistosas.

- No está bien que provoquemos a estos malditos persas - dijo Psamético, con una extraña sonrisa.

- ¡Trae a Udjahorresne! - Ordenó el gobernador de Egipto.

Amasis se refería al médico que le estaba causando graves problemas y vio en esa oportunidad una excusa para descartarlo.

Sin embargo, el oficial no recibió favorablemente el encargo, porque conocía las intenciones del faraón y su anterior relación con él y sus ideas de abrir los puertos, también a los árabes. Udjahorresne se vio obligado a separarse de su familia, a la que amaba profundamente, y sintió que su corazón ardía de odio hacia Amasis y su hijo Psamético.

- Amasis no puede vengarse de mis ideas, ¡así no! - Suspiró -. ¡Ah! ¡Pero me las pagará!

El médico abandonó Egipto prometiéndose que se vengaría de esa afrenta.

Cassandana, una experimentada enfermera, hizo todo lo posible para aliviar el dolor de Ciro y, jubilosa, recibió al terapeuta que entró en palacio, dispuesto a todo para curar al rey, obtener su protección y luego vengarse del faraón.

- Mi cabeza se siente como un martillo. No puedo más, Cassandana, creo que voy a morir – se quejó el rey.

- Tranquilo, señor, el médico egipcio está manejando las medicinas.

El médico atendió al rey.

Días después estaba mucho mejor. Udjahorresne le enseñó a Cassandana algunas prácticas de Medicina.

La mujer, feliz de demostrarle al soberano su nuevo aprendizaje, se regocijó por los efectos que sus cuidados tuvieron en él.

La vida de Cassandana, en su vejez, tomó un rumbo diferente. A pesar que Ciro nunca volvió a buscarla para que le sirviera como esposa, ella ahora asumió su antiguo puesto, cuidándolo.

- Udjahorresne, haré todo lo posible para que recuperes a tu esposa e hija a tu lado; ¡Un hombre tan bueno como no se merece ser infeliz!

- ¡Oh! ¡Soberano, si todos pensaran así...!

Se formó una gran amistad y el médico pasó a formar parte de los nobles consejeros del rey.

Un Funeral

Ciro se estaba recuperando poco a poco de esa terrible enfermedad. Una noche, amaneció desolado, a causa de una terrible pesadilla.

- ¡Voy a morir! - Exclamó sudando y temblando.

Cassandana, vigilante, al verlo dar vueltas en la cama, se acercó a él.

- ¿Qué te pasa, mi señor? - Le preguntó preocupada.

Su esposa, que lo amaba mucho, fue la única mujer que entró en esa habitación.

Udjahorresne le había enseñado a hacer algunas compresas útiles, pero ahora ya no se trataba de dolor físico.

Ciro no pudo tolerar la luz y explicó:

- Cuando amanezca, después de las oraciones, te contaré lo que vi. Solo cuando Airimii se haya ido – dijo. El rey, esperando la aurora, tal era su preocupación.

Desde que enfermó, una sombra proveniente del Amenti lo acompañó por todos lados, y sufrió delirios febriles, que lo dejaron exhausto. Todos esos síntomas nos llevaron a preocuparse por un posible final.

Cassandana colocó el incienso favorito de Ciro, preparó los cojines sobre las alfombras y esperó.

Finalmente amaneció el día y apenas los primeros rayos del Sol entraron en la habitación, Ciro saludó al disco solar con una venda blanca sobre los ojos y veneró a Dios:

- ¡Ahura-Mazda!

- ¡Ahura-Mazda!

- ¡Ahura-Mazda!

Hizo sus abluciones y oraciones y finalmente se calmó.

Cassandana esperó pacientemente a que escuchara la terrible pesadilla que había sufrido esa noche.

Ciro empezó a decir lentamente:

- Soñé con una procesión real. Creo que mi fin se acerca.

Describió el funeral, como si fuera el suyo.

Ha pasado algún tiempo desde aquellos oscuros lo perturbaban, ningún sacerdote podía calmarlo.

Ningún sacrificio o donación a los dioses resolvió ese problema.

- ¡Cálmate, mi señor, el profeta te bendecirá, justo y magnánimo! ¡Quizás te perdonen y sacrifiquen a alguien más en tu lugar! - Dijo para animarlo.

Los rayos del Sol aumentaron y, con una cortina, Cassandana atenuó la luz.

- No terminaré sin cumplir mis últimos deseos. Creo que ha llegado el momento de unir a todos. No quiero las pampas viejas, porque la muerte nos iguala, como este dolor que aun persiste sobre mis ojos; no todo mi oro es capaz de aliviarlo.

Luego ordenó a un sirviente:

- Tráeme a Cambises, necesito prepararlo.

El fiel servidor del rey fue en busca de Cambises. Despidió a otra persona que buscaba médico:

- Tráeme a Udjahorresne.

Udjahorresne, cuando estuvo en Egipto, formaba parte de la casta sacerdotal. Estaba prácticamente expulsado de su país y el agradecimiento que Ciro tenía por curarlo, ahora lo había convertido en su gran aliado. Cassandana oró fervientemente a Dios mientras esperaba al médico y a su hijo.

El primero en llegar fue el médico.

Tan pronto como entró en la habitación inmerso en una luz tenue, se acercó a su verdadero paciente, lo examinó y le dijo:

- En menos de una semana podrás ver la luz y toda la niebla pasará, oh, soberano.

Ciro mostró una sonrisa incrédula y habló, convencido de su muerte:

- Tu medicina es eficaz, pero las sombras me atacaron sin piedad esta noche. Las sombras amenazadoras de la muerte no perdonan a nadie; pronto mi cuerpo yacía sobre el suelo, entonces veré la luz de Mazda. ¡Es esta luz que veré!

Udjahorresne comprendió el delirio del rey y no dijo nada, porque su aspecto físico mostraba grandes mejoras. Quería hablar con él del otro mal que lo asaltaba, cuando escucharon un ruido.

Fue Cambises quien entró oscuro y angustiado. Él tampoco había tenido una de sus mejores noches.

El rey se alegró de su presencia, extendió la mano y dijo:

- Mi querido hijo, Cambises II, necesitas escucharme.

- Sí, padre mío, aquí estoy - respondió Cambises, arrodillándose sobre una pierna y sosteniendo la mano del rey en su mano derecha.

Las amenazadoras sombras de la muerte parecían acercarse y envolverlos.

Ciro estaba sombrío y su voz ronca, lenta pero firme, le dio a su amado hijo sus últimas recomendaciones…

- Ahura-Mazda, con su poder, viene a envolverme y no quiero perderme en la oscuridad del abismo. Quiero deshacerme de todo el mal hecho y en el Avesta está escrito: Haz amigo al enemigo; hacer justos a los malvados; educar a los ignorantes. No quiero un altar, ni quiero que la gente me idolatre. Quiero ir a la montaña, para que me entierren junto a la naturaleza; a la sombra de los cedros construye mi tumba en nuestra divina Pasargada. Y allí, oh, Cambises, hijo mío, que verdaderamente me colocó. Escribe en mi tumba: "Mortal, Soy Ciro, quien fundó el Imperio Persa y gobernó Asia: no envidies mi tumba."

Atento a las instrucciones de su padre, Cambises, arrodillado junto a la cama, apoyó sus pálidos labios sobre su mano derecha en profundo respeto.

- Cambises, escúchame, por última vez. Si persistes, hijo mío, heredero de mi patria, el Fuego Eterno quemará las impurezas del alma. Distribuyes comida, bengalas y perfumes a Dios, Él solo escucha las oraciones de los justos. No sacrifiques a las doncellas ni a los niños, porque tienen alma y derraman la sangre que hierve en las arterias. Sé piadoso, hijo, con tu enemigo, porque él te recompensará con misericordia, sudor de su trabajo, que ya es una humillación. ¿Me entiendes?

Por ejemplo, Creso se convirtió en mi gran amigo y su espíritu vino de la tumba para agradecerme. Mira, nadie muere. El alma sobrevive y encuentra a Dios. Construí sobre mi tumba, Cambises, dos columnas griegas en la entrada en honor para Creso, este pórtico es el símbolo de nuestra amistad. Los magos vigilarán mi tumba y se asegurarán que todo esté en perfecto orden para que nadie pueda atacarla. Desde donde esté recibiré los regalos que me ofrezcan. Mi deseo ahora es dividir mi reino entre tú y Tanaoxares, para que no quede ninguna duda.

El gran monarca hizo una pequeña pausa y Cambises se secó el sudor, luego continuó:

- Me voy, quiero dar un discurso antes de morir, he reunido a todos los de la casa y a mis seres queridos, en dos días al atardecer.

Ciro creyó que realmente iba a morir y, dos días después, se produjo un gran disturbio en el palacio.

Su familia y su pueblo se encontraban allí con aspecto fúnebre y muchos no habían dormido porque pasaron la noche en oraciones y abluciones alrededor de chimeneas encendidas por la salud del rey.

La Despedida

La multitud no pudo ser contenida a la puerta del gran palacio lleno de columnas talladas en piedra. Los palestinos hicieron oraciones y ofrendas en el templo principal para que el rey fuera sanado.

La puerta, custodiada por dos estatuas de toros alados, estaba todo adornado con guirnaldas para dar la bienvenida al rey.

Dos enormes toros arrodillados formaban las columnas para componer el apadana donde se sentaba el rey, pálido, pero firme.

Ciro vestía ropas de púrpura y oro, su hermoso rostro y su porte erguido y regio no le daban la apariencia de alguien que estaba a punto de morir. Como la palabra del rey fue la última en darse, nadie se atrevió a impugnarla.

El harém real estaba alborotado. Los guardias eunucos caminaban agitadamente encendiendo velas e incienso por todas partes.

Las mujeres no pudieron contener las lágrimas y la desgracia pareció invadir los pasillos.

Los lamentos incontrolados cesaron con el sonido profundo de un portador:

- ¡Cállate, el rey hablará!

Muchos creyeron que fue elegido para salvar al pueblo de servidumbre, aquellos que los profetas habían anunciado y estaban registrados en las Escrituras, el libro sagrado de los judíos.

Ciro, hijo de Cambises I y Mandane, princesa de Media, fue el último rey aqueménida, muy querido por su pueblo.

Los tambores y trompetas callaron y el oficial anunció:

- Hablará Ciro, ¡Señor de Babilonia, Señor de Lidia y señor de Media, rey de los persas, rey de Anshan!

Varios secretarios escribieron en tablillas las últimas palabras del soberano.

El propósito de la ceremonia fúnebre fue despedirse y determinar los territorios y obligaciones de los hijos.

Movilizó a todo el reino y llamó al sacerdote principal del templo para la ceremonia del sacrificio.

Después de darle a Dios algo de comida, bengalas y pequeños animales, el rey fue debidamente ungido y preparado para entrar en el reino de la muerte. La gran fila de magos formó un semicírculo alrededor del apadana y aguardó, solemnemente, el pronunciamiento del gran monarca.

El magnánimo rey creía en la supervivencia del alma y en la comunicación de los espíritus, convencido de la superioridad del bien sobre todo mal, no temía a la muerte.

Durante el ayuno que realizó, Ciro tuvo una visión en la que el espíritu de Mandane, su madre, le habló:

- Hijo mío, Ciro, usa tu autoridad aqueménida y unge con amor a tus hijos, porque Cambises y Tanaoxares necesitarán de tu protección y bajo tu égida reinarán.

Ante el consejo maternal que le llegaba del reino de la luz, deseó reconciliar su vasto trono y poner fin a las discordias entre sus hijos y consejeros del Imperio.

Las puertas se abrieron y entró una gran cantidad de personas, llenando la sala del tribunal.

Los presentes aguardaban su discurso con extraña expectación.

El momento fue patético, después de todo él no estaba en tan malas condiciones para morir.

Ciro pronunció solemnemente un largo discurso sobre sus grandes hazañas, ante el bostezo de sus propios súbditos.

Solo los interesados estuvieron más atentos, cuando el rey se refirió a la división de su reino entre sus dos hijos:

- Soy el Rey de Reyes. Mi poder se extiende por toda Asia y Europa. Es tiempo de pasar mi reino; no hay nada mejor que darles a mis hijos lo que recibí de mi padre y lo que logré con la valentía de la sangre Agueménida que corre por mis arterias. A ti, Esmérdis Tanaoxares, te dejo el gobierno de Media, Armenia y los Cadusio. Es verdad que lo tendrás más fácil que tu hermano, así como en las provincias orientales, tu gobierno será más suave. No tendrás que recaudar impuestos, podrás ocuparte de la religión y la educación.

- A ti, Cambises II, mi primogénito, te dedicaré la corona de todo el Imperio. Soberano de Reinara, asistido por Tanaoxares. Quiero que sepas que no es este cetro de oro el que te dará poder. Los amigos fieles son el real cetro de reyes. No es el miedo lo que te dará amigos, sino la caridad. Tendrás como aliado de Tanaoxares Esmérdis. ¿Qué mayor honor es tener un hermano como aliado? Tanaoxares es el único que puede gobernar contigo sin despertar envidias.

El rey hizo una pausa. Reinaba un gran silencio.

Ciro continuó su despedida y últimas instrucciones a Cambises:

- Mi alma aun vive en mi cuerpo, está escondida de todos. No pienses que las almas de los inocentes que fueron asesinados no sobreviven. Sobreviven y regresan para provocar infamia e indignación. Estas almas tienen poder. ¡De lo contrario no tendríamos el culto que se atribuye a los muertos...! Después de la muerte, el alma se vuelve transparente como durante el sueño y se mueve de un lado a otro. Todas las acciones son vistas por Dios. Es durante el sueño cuando el alma a menudo predice el futuro y puede acercarse a la divinidad.

El discurso duró unos momentos.

Ante el espectáculo del momento y la despedida del rey, algunos descontentos fruncieron el ceño.

Ese cuadro parecía irreversible. La ley era ésta: rey muerto, rey puesto.

Altivo y extraño, Cambises no era bien considerado por los consejeros actuales, pero era el favorito del rey.

Es imposible evitar el genio indomable de Cambises II. Nada tuvo efecto alguno en su limitado universo de futuro déspota.

Hystaspes quiso disuadir al rey de entregarle el trono, pero éste ni siquiera se dignó mirarlo.

- Hystaspes, la alianza entre Darío y Atossa te dará el derecho de permanecer con el rey y sucederlo en su ausencia.

Nadie cambiaría el destino de Cambises y Persia. Estaba escrito. El heredero real escuchó las palabras de su padre sin cambiar. Soportó las miradas de sus familiares y de aquellos a quienes reconocía como enemigos acérrimos. Altivo y frío, recibía sus vibraciones como dardos venenosos dirigidos hacia él para lastimar la piel. Un frenesí recorrió su cuerpo, pero se contuvo.

Darío, en el rincón, lo miró con verdadero odio disfrazado de indiferencia.

La autoridad del monarca que le pidió prudencia y proteger a su familia, y la solemnidad del momento, le obligaron a escuchar el largo discurso.

Impasible e indiferente, nadie podía desentrañar lo que pasaba en aquella alma orgullosa aprisionada en un cuerpo delgado.

Las marcas de su enfermedad y el estigma del mal sagrado eran observados con temor.

La familia y los súbditos, al escuchar la oración de su gran rey, quedaron pensativos: ¿Qué harían si él les fallara? Tenía un inmenso ejército y un vasto territorio que se extendía en un valle de incomparables riquezas hasta el colosal tesoro de Pasargadas.

Darío no se conformó con las decisiones soberanas y, en privado, le confió a su padre:

- Pronto ahuyentaremos a este bestial Cambises. Mi matrimonio con Atossa, mi padre, debe concretarse lo antes posible.

- Cálmate, hijo. Aun no es el momento adecuado. Quién sabe, Ciro no perecerá y tiene planes de marchar hacia los Masagetas. Antes de esto habrás concretado tu alianza con Atossa y cuando Ciro y el ejército estén lejos, descartaremos a Cambises y Tanaoxares.

Hystaspes no imaginó que sus palabras eran ciertas, porque Ciro no murió de esa enfermedad.

El destino; sin embargo, contradijo los desastrosos augurios de Ciro.

Para alivio general, el gran rey permaneció en la Tierra durante unos años.

Luto en el país

Meses más tarde, el rey todavía estaba vivo y dispuesto. Udjahorresne confirmó sus predicciones:

- Oh, majestad, estás de buen humor, sano. ¡No creo que mueras tan pronto!

- Me alegro de escucharte, así que partiré hacia mi destino más allá de Jaxartes, ya que el puente está casi completo - explicó Ciro completamente feliz.

Hystaspes, a solas con el rey, invirtió en sus planes:

- Ciro, a mi hijo le encanta Atossa, ¿por qué no los juntamos antes de nuestro viaje por Araxo?[29]

- Tienes razón, Hystaspes, de esta manera quedaremos guarnecidos y Darío permanecerá en Ecbátana. De esta manera, la unión de Atossa y Darío llegó a buen término, mientras que Aristona y Esmérdis permanecerían en Babilonia con el virrey de Babilonia.

Las bodas de los hijos retrasaron la campaña unos meses, tiempo suficiente para organizar el ejército.

Mientras tanto, Cassandana sufrió un colapso repentino y murió.

Esta era la procesión real que el rey había previsto, a la que él y el pueblo debían asistir. El cuidado de Cassandana por el rey le valió los honores de un hermoso funeral.

Declaró luto en todo el Imperio...

---

[29] Araxo (Araxes): Río situado en el noreste de Turquía y que limita con Armenia e Irán. Actualmente se llama Aras

El destino; sin embargo, siguió su curso.

Nunca antes se había visto tanta pompa en una procesión, porque Ciro, al llorar a Cassandana, enterró con ella su pesadilla fúnebre.

Pasado el susto, el pueblo se calmó, celebrando la vida de su amado rey en una larga celebración.

El pueblo creía que Ahura-Mazda les había concedido siete años más de gloria junto al magnánimo rey, sacrificando a Cassandana.

Otra pesadilla

Luego, después de las oraciones por la muerte de Cassandana, después del luto, Ciro y su ejército partieron para la siguiente pelea. Cuando se encontraron cerca del río Araxo, otra pesadilla inquietó la mente del monarca.

Preocupado, llamó a Hystaspes a la tienda real.

- Hystaspes, acércate – ordenó.

Hystaspes al verlo pálido, con dos enormes ojeras bajo los ojos que señalaban su malestar, preocupado, le preguntó:

- Dime, Ciro, ¿no estás bien?

- Dormí bajo este Sol y tuve una visión que me alarmó - respondió el rey, desanimado.

- ¿Qué nuevo presagio se ha apoderado de ti, Ciro?

- La visión te concierne, noble Hystaspes, porque tu hijo Darío se me apareció como un conspirador del reino. Sobre sus hombros había dos enormes alas; una cubría toda Asia y la otra, Europa. Todo me lleva a creer que tu hijo está tramando algo contra mí y mi imperio.
Por eso quiero que vayas a Persia y compruebes qué está pasando.

Hystaspes frunció el ceño, preocupado por la visión de Ciro y por aquellos espíritus que le revelaban secretos tan íntimos.

Ciro continuó:

- Si mi sueño es cierto, podrás decírmelo cuando regrese de la guerra. Quiero que traigas a Darío ante mí para interrogarlo. Por ahora tengo que avanzar contra las masagetas.

Hystaspes, después de escuchar al rey, argumentó:

- Oh, gran rey, no creo que a un persa se le ocurra atentar contra tu vida. Atossa y Darío sellaron alianzas con tu permiso. Por las venas de mi hijo también corre sangre mediana. Tiene para ti la misma consideración que para mí que soy su padre, pero si soñaste, majestad, mi deber es obedecerte. Yo me encargaré de tranquilizarte.

Sus palabras calmaron al rey, pero éste no se rindió y argumentó con convicción:

- No se puede dudar de una visión a la clara luz del día, Hystaspes. Debido a los lagos que nos unen, te ordeno que certifiques la veracidad de mi sueño. ¿Recuerdas el sueño que tuve sobre la procesión real? Bueno, ahora temo por uno de mis hijos. Sabemos que el alma, durante el sueño, se acerca a Dios, es libre y predice el futuro.

Hystaspes guardó silencio y trató de atender al rey de inmediato. De hecho, aquel revelador sueño solo sirvió para que Hystaspes advirtiera a Darío sobre su lealtad al rey y sus obligaciones para con Persia. Al menos mientras Ciro viviera, debía respetar la corona.

Darío, más joven que los hijos del rey, tendría tiempo de reinar en el futuro.

El consejero regresó al campamento convencido que ni él ni Darío emprenderían acción alguna contra el rey ni contra sus hijos. El soberano fue ungido y protegido por esos malditos judíos. Elegido por los dioses, Ciro ciertamente tenía facultades que le daban el poder de desvelar el futuro, pensó el consejero, calmando sus deseos y los de su hijo.

Darío, a petición de su padre, escribió una larga carta dando testimonio de su lealtad a la corona y al Avesta, que fue entregada a Ciro y éste quedó convencido de la sinceridad de su género.

Pasaron unos años y el episodio quedó en el olvido. Ciro; sin embargo, no pudo soportar el duro clima del desierto, la ardua guerra y sucumbió, dejando perplejos a sus soldados y amigos.

Cambises, al recibir la trágica noticia que su padre había muerto en combate, lanzó un grito de dolor y ante la inesperada situación ordenó a sus súbditos:

- Voy a ir a buscar a Ciro, mi padre, ahora mismo.

Una caravana real se encontró con otra, fue el hijo quien buscó a su padre para darle el entierro tal como él había ordenado.

Todo el reino lloró al magnánimo y querido rey.

En Pasargadas, durante varios años una procesión de gente acudía a la tumba del rey para ofrecerle regalos de todo tipo.

SEGUNDA PARTE

Cambises II, Rey absoluto

Cambises II se convirtió en el heredero soberano del inmenso Imperio.[30]

El joven rey persa se sentó en un trono de piedra y decidió cumplir su antigua promesa: invadir Egipto.

Hubo que tomar muchas decisiones serias antes de emprender la nueva empresa.

El primero fue definir la zona de su hermano, Tanaoxares.

- Esmérdis, gobernarás las provincias orientales. Y ésta es decisión de nuestro padre - dijo Cambises, señor del cetro y de la corona -. Hystaspes, permanecerás en el gobierno en mi ausencia y los nobles continuarán en sus puestos.

El rey se volvió hacia Darío, que escuchaba todo con los labios fruncidos y los ojos llameantes de odio.

Darío se controló porque su situación no le permitía desahogar su ira. Pensaba que Cambises estaba loco e imbécil y que Esmérdis era débil, engreído como una hechicera.

Darío, me acompañarás a Egipto como mi lugarteniente - ordenó Cambises a su cuñado.

Fue su segunda decisión.

El soberano encontró serios obstáculos, ya que no era fácil asumir el puesto de su padre, cuya fuerte personalidad parecía abrazar a todos los que aun lo lloraban.

Cambises necesitaba compañeros valientes para su ambiciosa empresa: conquistar la tierra mística de los faraones.

---

[30] 529 a.C.

El antiguo oficial de Amasis[31], el médico que había curado a Ciro y que éste había nombrado consejero de Cambises, conocía todas las estrategias de su país y sus conocimientos facilitarían la entrada de los persas en Egipto.

Las rutas comerciales a lo largo de toda la costa del mar Egeo pertenecían a Persia, y Cambises, aliado con los fenicios y chipriotas, atacaría Egipto por tierra y mar.

Estaba a un paso de convertirse en dueño absoluto de todo el Cercano Oriente.

Udjahorresne, consciente de los defectos de su país, se unió a Cambises, facilitando su invasión del desierto sirio. Una actitud placentera para él, porque se vengó de aquellos a quienes odiaba.

La reciente muerte del faraón Amasis favoreció esa empresa, ya que Psamético III, su hijo, no era un gobernante nato.

---

[31] Ahmes II, de la dinastía XXVI.

Batalla de Pelusa[32]

Cuando partieron hacia Pelusa, Cambises había definido toda su estrategia.

Udjahorresne, decidido a vengarse del faraón, deseoso de volver a ver a su familia, era el más indicado para ser consejero de Cambises. Haría todo lo posible para ayudarle en la conquista de Egipto y se sirvió de un gran guerrero griego.

- Majestad, está entre nosotros, Fanes, el valiente guerrero de las tropas egipcias, dispuesto a conducirnos hasta Pelusa - dijo Udjahorresne, decidido a llevar su proyecto hasta el final.

Cambises sonrió, satisfecho de aquella unión, anticipando la victoria.

- ¿Qué esperas, Udjahorresne? ¿Por qué no me has traído a un hombre así todavía? ¡Tráeme a Fanes de una vez!

De hecho, Fanes, de Halicarnaso, era un fugitivo de Psamético que buscó refugio en Persia. Había estado albergando odio contra Psamético que lo perseguía mortalmente. La única forma de salirse con la suya era asociarse con su peor enemigo.

- ¿Cómo hiciste, guerrero, para escapar del Faraón? - Preguntó Cambises, preguntándose si realmente podía confiarle su estrategia.

- Emborraché de vino a los soldados, soberano - respondió irónicamente.

Cambises se rio a carcajadas. Era el hombre que necesitaba para adorar al maldito faraón.

---

[32] En el 525 a.C. Cambises tomó posesión de Egipto.
Pelusa: Ciudad antigua de Egipto, en la parte nororiental del Delta del Nilo.

Así, aliado con Fanes y ayudado por Udjahorresne, su victoria era segura.

Después, solo quedaron en la habitación el rey y su amigo Prexaspes.

- Prexaspes, acércate, que necesito que acompañes a Esmérdis a Ecbátana.

El ex compañero, sin comprender la preocupación de Cambises, esperó nuevas explicaciones.

- Desconfío de todos los que me rodean, tengo noches tumultuosas. Debo respetar las palabras de mi padre, siento que algo peor que una guerra amenaza mi paz - monologó el soberano, dando largas zancadas con las manos a la espalda.

Sobre sus hombros pesaba el peso de la responsabilidad respecto a las últimas decisiones.

- ¿Crees que Darío merece nuestra confianza, Prexaspes? - Preguntó, finalmente, buscando consejo y confiando en aquel amigo de la infancia.

- No le entiendo, majestad, ¿usted mismo lo nombró para el puesto de lugarteniente? - Se sorprendió Prexaspes, aunque estaba acostumbrado a los cambios repentinos de Cambises.

- Sí, lo elegí; sin embargo, esta noche, noté claramente un destello único en sus ojos, lo que me provocó náuseas. No puedo llevarlo conmigo a Egipto - dijo Cambises, con una arruga de preocupación formándose en su frente oscura.

- Como tú decides todo, oh Cambises, resulta muy fácil cambiar el destino de cualquiera. ¡Deja a Darío en Persia...!

- No puedo - respondió el rey de forma inusual.

- ¿Qué te detiene entonces? - Preguntó Prexaspes intrigado, acostumbrado a los vericuetos de Cambises y sus cambios de humor.

- Nada me detiene, Prexaspes, te pido que vigiles a este hombre tanto como puedas, hasta que me demuestre su lealtad -

concluyó Cambises, todavía molesto -. Dejar a Darío en Persia sería entregarle mi reino. ¿Has olvidado que Hystaspes es su padre?

Prexaspes quedó intrigado, pero no insistió, Cambises debió tener sus motivos, aunque Hystaspes fue siempre el fiel consejero de su padre.

- ¿Tanaoxares no basta para reinar en vuestra ausencia, majestad?

- Sí, pero Bardya se quedaría sin tripulación sin mi presencia. La verdad es que necesito a Hystaspes con su experiencia. Además, Prexaspes, tengo en mis manos una carta de Darío a Ciro, cuyo tema anterior ignoro, ¿y por qué mi primo habría escrito tal carta? ¿Ciro tenía alguna duda? Son preguntas que me llegan sin respuesta.

Necesitaría que el espíritu de Ciro volviera a la vida para explicarme. Un documento que jura lealtad a su soberano me hace suponer que previamente se habían planteado algunas dudas.

- Podría preguntárselo al mismo Darío, majestad… - argumentó Prexaspes.

- No, no. Estoy seguro que lo esquivaría, y mejor que piensen que no sospecho nada - dijo Cambises, confiándose en Prexaspes.

Prexaspes desconocía el documento y solo ahora comprendió la verdadera preocupación de Cambises. En aquellas semanas previas a su partida, el comportamiento de todos los consejeros sería evaluado por Cambises, quien se mantuvo alerta.

La muerte del faraón de Egipto, Amasis, le favoreció. Los egipcios estaban desunidos y debilitados. Era el momento ideal para que los persas atacaran.

Cambises y su ejército exigieron llegar a Pelusa, donde los esperaba Psamético III, hijo de Amasis, y su ejército.

Cambises arremetió contra ellos con toda la furia de su alma.

La Farsante

El harém real estaba tumultuoso, las mujeres estaban inquietas, como si algo las amenazara.

Daliris era una bella esclava egipcia, recientemente capturada. De hecho, llegó como una trampa, pero los soldados de Cambises la encarcelaron junto con las otras mujeres.

Esta egipcia al ver a Esmérdis se enamoró perdidamente. Su repentino interés fue inexplicable.

La esclava, sensual y atrevida, comenzó a perseguir al mago. Huyó del harém y se escondió en el templo para espiarlo y descubrir sus secretos.

Esmérdis, iniciado en las ciencias ocultas, aprendió el arte de la meditación y se alejó avergonzado del atrevimiento de la insinuante mujer, que no tardó en acosarlo.

Él le aconsejó:

- Si Cambises te pilla persiguiéndome, Daliris, será tu fin, ¡olvídame! Tómalo con calma en el harém.

Daliris no era una esclava cualquiera, el propósito de su extraño comportamiento era descubrir fórmulas mágicas. Era una espía que había permitido intencionalmente que la arrestaran durante la primera incursión del rey en Egipto.

Firme en la intención de involucrar a Esmérdis, pero sin resultado, empezó a pensar que a él no le interesaban las mujeres. La resistencia del mago solo exacerbó sus instintos bestiales.

Observó cada movimiento del muchacho y unos celos sordos nacieron en su alma. ¿Qué secretos llenaron su vida, para ignorar el cariño de una mujer dispuesta a satisfacer todos sus instintos?

La verdadera obsesión se había apoderado de ella.

Se volvió celosa enfermiza de cualquiera que se le acercara, sin importar su género. La rutina del palacio cambió tras la muerte del rey.

Daliris decidió declararle su amor a Esmérdis y Entró clandestinamente al templo para espiar al mago y confesar. Su pecho se agitaba incontrolablemente. ¿Por qué ese hombre estaba tan comprometido con su ciencia?

Su alma hervía de ansiedad cuando, entre las gruesas columnas del templo, vio dos figuras abrazándose.

Se acercó sigilosamente y vio una pareja. La mujer, envuelta en ligeras mantas, sollozaba.

- "¿Que está pasando aquí?" - pensó molesta.

Casi gritó cuando la pareja se giró y los reconoció: Esmérdis y Aristona.

Estaban tan involucrados que no se dieron cuenta de ella.

- Esmérdis, ya no sé qué hacer, Cambises me persigue todo el día, le tengo miedo, su mirada me asusta.

- Yo te protegeré Aristona – dijo Esmérdis, abrazado su hermana y besando su cara mojada.

Daliris vio la comprometedora escena y, a partir de ahí, creyó que los dos hermanos eran amantes. Llena de odio y celos, decidió vengarse cruelmente.

"¡Por eso el idiota me rechaza!", pensó mordiéndose los labios por los celos.

En la mente del egipcio, los dos hermanos eran amantes y ocultaban su amor al rey.

"Así que este es tu secreto. ¡Me las pagarán!"

Convencida de lo que había visto, su imaginación creció.

Si el rey lo supiera, podría cambiar esa situación, favoreciéndola a ella.

Era una mujer intrigante y audaz, y haría cualquier cosa para acercarse a Cambises.

¿Podrías evaluar el resultado de su comportamiento?

En el harém real, las cosas seguían calentándose.

Daliris se acercó, inquieta, con algunos planes en la cabeza.

* * *

- Arina, ¿quién es la próxima mujer que irá ante el rey? - Preguntó su amiga, sin ocultar su ansiedad.

- Nunca se sabe, tal vez una, tal vez diez. El rey jamás actúa como un hombre corriente - respondió la vieja y experimentada esclava -. ¿Por qué quieres saber, Daliris, si cambiará algo?

- No, nada, mera curiosidad, pero me gustaría conocer al rey en persona tengo algo diferente para ofrecerle.

- ¡No te metas con él, lo que dicen de él no es invención! - Le advirtió Arina susurrándole al oído.

- ¿Temes algo ahí, mujer?

El diálogo favoreció a la esclava. Arina, días después, le informó que el señor visitaría el harém real y sus mujeres lo verían.

Había llegado el día esperado.

El rey entró en el harém inopinadamente.

Un grupo de eunucos que custodiaban el harém del rey le hicieron una reverencia al pasar. Cambises, sin importarse con ellos, dirigió una mirada altiva a las mujeres. Era muy guapo, era joven y alto y caminaba con soltura a través de su harém, como si estuviera buscando algo nuevo que pudiera interesarle.

El rey se mantuvo muy ocupado y rara vez visitaba el harém. No podía soportar que hablaran en su presencia.

Daliris se distraía mientras su compañera le arreglaba el cabello, ungiéndolo con aceite de oliva para hacerlo más negro y brillante, y pacientemente comenzó a trenzar su larga y rizada cabellera en decenas de trenzas, formando un peinado extravagante que dejaba al descubierto sus hombros desnudos y oscuros. haciéndola más sensual.

Daliris observó su rostro, su cuello y luego su pecho, cuando a través del espejo vio a Cambises pasar por el harém.

- ¡Por la barba del profeta! ¿Cambises, aquí? - Preguntó subrepticiamente a Arina.

- Sí, es el rey - respondió Arina, que había reconocido a Cambises -. ¡Cállate la boca!

Daliris lo miró a través del cristal, instintivamente bajó el espejo y lo miró con curiosidad. Sus ojos se encontraron en un instante.

El rey se alejó y desapareció detrás de las cortinas.

Daliris se sintió incómoda con su mirada de lince.

- Arina, haz algo para que vuelva – pidió la amiga.

- Deja al rey en paz, es muy malo y encima sufre del mal sagrado - dijo Arina aliviada al ver eso.

El soberano se alejó.

- Entonces lo haré. Dicho esto, dejó a su amiga y fue tras el rey.

-¡Qué loca estás! - Exclamó alguien al verla pasar.

-¡Ah! ¡Si el rey te entiende, mujer!

Las mujeres estaban muy calladas cuando el rey entró y, poco después de su visita, algunas desaparecieron para no regresar jamás.

Daliris no encontró nada y regresó a su habitación, desconcertada por su propia impulsividad.

- Aun tendrás problemas, Daliris, con este monarca no se puede jugar - aconsejó Arina con prudencia.

Aquel episodio quedó en el olvido y los días transcurrieron en palacio, sin cambios.

La venganza

Cambises, al día siguiente iba a Susa[33] y quería pasar la noche divirtiéndose.

Tanto hizo Daliris, que logró unirse al linaje de mujeres que pasarían una noche con el rey.

Era su oportunidad de vengarse de Esmérdis, que la había repudiado.

Por fin ha llegado tu turno. Era su primera noche con el rey.

Al entrar en la cámara real, encontró al rey tumbado sobre cojines de raso estampados. Estaba saboreando unas uvas deliciosas y ni siquiera la miró, parecía perdido en sí mismo.

La desafortunada mujer hizo todo lo posible para ganarse su cariño.

Detrás de unas cortinas de colores y de algunas estatuillas, alguien tocaba la cítara y cantaba en la penumbra una preciosa canción de amor.

El rey estaba aburrido ese día porque su caballo favorito había muerto.

Encargó a una mujer hermosa, solo una para animarlo.

Daliris, ansiosa por hablar y tal vez porque él ni siquiera la había mirado, se puso ansiosa. La joven era ruda y testaruda como una mula. Ella no era el tipo de mujer que complacería al exigente rey.

---

[33] Susa: Antigua capital de Elaon; fue destruida por los asirios en el 640 a.C. y conquistada por los persas en el 596 a.C.

La música transmitía romance y calma, pero ella, angustiada, chocó con una de las estatuillas, que cayó al suelo y se hizo añicos, ruidosamente.

El ruido irritó a Cambises, quien se volvió disgustado.

- ¡Torpe! - Dijo, nervioso.

- Lo siento señor, no la vi – respondió rápidamente.

- ¿Desde cuándo una concubina responde ante su amo? - Preguntó Cambises con ironía al notar esos ojos negros llenos de rebeldía.

La esclava arrogante olvidó su condición inferior y respondió:

- ¡Déjame en paz!

Eso fue suficiente para exasperarlo.

- ¡Insolente! ¿Cómo te atreves a hablar ante el rey? - Exclamó Cambises, sin comprender el enfado de la muchacha.

Daliris lo miró fijamente, pero sus ojos le respondieron más que sus palabras.

Cambises perdió la paciencia y, para corregirlo, aplaudió:

Entró Xenefres:

- ¡Si, su Majestad!

- Jenefres, azota a esta mujer insolente, para que aprenda a bajar los ojos al rey.

Daliris se rio y sacudió sus hombros desnudos y oscuros hacia el monarca mientras la llevaban a la sala de tortura.

¿Quién era esa mujer que se atrevió a enfrentarlo? ¿Dónde había visto esos ojos de fuego?

Cambises se sintió avergonzado por la inesperada actitud de la esclava. La odiaba, pero sentía la necesidad de besar esos labios rojos y carnosos y tocar sus hombros desnudos y sensuales. Su audacia lo atrajo. "¡Nadie me ha insultado así...!"

- ¡Xenefres, espera! - Ordenó.

Dio un paso adelante y, sin poder quitar los ojos de la mujer, por un momento, su rostro lo delató.

Fue suficiente para que la imaginación de Daliris se hiciera cargo.

"¡Él me quiere, y eso es todo!" - Pensó, orgullosa de sus encantos.

Él solo quería verla y, con un gesto irónico, se giró.

Daliris recibió una serie de latigazos y pasó el resto de la noche recibiendo compresas en sus heridas.

Al día siguiente, Cambises ya no recordaba el hecho, preocupado por los preparativos del viaje.

La esclava; sin embargo, profundamente herida, sintió que todo su cuerpo temblaba de odio y juró vengarse.

✱ ✱ ✱

Meses después del regreso del rey de Susa, donde había organizado su ejército, exigió una nueva celebración y para descansar del largo viaje convocó a una esclava de su harém.

Daliris regresó al camerino del rey, mediante un astuto sabotaje. Emborrachó a la siguiente elegida y, ayudada por Arina, logró sus intenciones.

Ella sonrió victoriosa al ver a la joven esclava quedarse dormid.

- Ésta no nos molestará, dormirá hasta el amanecer - dijo escondiendo a la otra, después de hacerla ingerir un frasco que contenía un somnífero.

Luego, Daliris apartó las manos de Arina mientras terminaba su peinado.

- Basta, Arina, quiero una taza de agua muy fría, quiero mojarme los labios cuando entre en la cámara del rey y humedecerlos con miel.

Tenía la intención de utilizar todo su potencial femenino para calentar al rey.

Daliris intentó portarse mejor y no ser reconocida.

Estaba muy hermosa cuando entró al camerino al son del arpa, cubierta con velos de colores y bailando. El rey no la reconoció de inmediato.

Encantado por su sensual belleza, disfrutó de ese momento saboreando vino y uvas, cómodamente sentado sobre cojines de seda.

De repente, el rey se levantó e intentó algunos pasos de baile. Se dirigió hacia ella. Era alto y Daliris se puso de puntillas para examinarlo mejor.

Cambises, algo borracho y en la penumbra, no pudo identificar a la mujer y continuó bailando y envolviendo un velo alrededor de su esbelta cintura.

Daliris aprovechó el momento y le tocó la cara.

Una lesión reciente llamó su atención. Era un verdugón en la barbilla, provocado por uno de sus ataques epilépticos.

- ¡No me toques! - Exclamó Cambises, como si le hubiera mordido una serpiente.

- ¿Rechazas, hijo de Osiris, un gesto de amistad? - aventuró el esclavo, sin considerar las consecuencias.

Sorprendido por la audacia de la mujer, Cambises dio un paso atrás y se alejó avergonzado. Él la reconoció, intrigado.

Dio una palmada y entró Xenefres.

- ¿Quién es esta mujer que se atrevió a tocarme y llamarme hijo de Osiris? - Preguntó indignado ante tal atrevimiento.

Jenefres se volvió hacia el esclavo:

- ¿Cómo llegaste aquí? - Hizo ademán de tomarla -. ¡Estás molestando al rey!

Volviendo a Cambises:

- ¿Cuál es el castigo para ella, mi señor?

Ante la sorpresa del funcionario, el monarca decidió:

- Ninguno. Qué audacia y necesito celebrar. Déjanos solos.

Daliris se iluminó. Era tu turno.

Ambos empezaron a beber e intercambiar caricias. Hasta que la pícara lo envenenó, contándole lo que había visto en el templo.

Cambises estaba irritado y pensativo, pues sabía que la esclava no mentía.

Esmérdis siempre fue la favorita de su hermano.

Y Daliris obtuvo un pequeño beneficio en el harém y un poco de privacidad.

- Quiero divertirme, Jenefres, llama a los eunucos - ordenó Cambises, esperando nuevas atracciones para celebrar su llegada.

Inmediatamente, un grupo de bailarines comenzó a bailar para el rey mientras otros le servían bebidas y delicias de su elección. Esos muchachos eran más interesantes, menos exigentes y más delicados que aquellas jóvenes esclavas.

Al amanecer

Cambises se había quedado dormido tan borracho junto a los jóvenes bailarines que, al día siguiente, tardó un poco en entender lo que había pasado.

Al recordar a Esmérdis y Aristona, decidió separarlas. Aristona partiría con él hacia Egipto.

La hechicería se volvió contra el hechicero. Daliris también sería separada de Esmérdis.

Aquella tierra mística le fascinaba. Cambises no durmió y no pensó en nada más. Ordenó que mataran a cualquiera que lo desviara de su plan. Todos en el palacio observaron y esperaron el momento oportuno en que el soberano partiría hacia la tierra de los faraones.

Antes de irse, Aristona buscó a Atossa para desahogarse:

- Mi hermana, Cambises me quiere para él y me colocó entre sus mujeres. Sucederá lo que más temíamos - dijo Aristona con lágrimas en los ojos.

- Los planes de papá se han cumplido, Tanaoxares también está perdido - recordó Atossa.

- No tenemos a nadie para nosotros, solo este Dios que Tanaoxares Esmérdis venera y Cambises insiste en ocultar - dijo Aristona, que conocía los cultos en el bosque, el haoma y sus víctimas. Nadie que quisiera sobrevivir podía comentar sobre lo que estaba sucediendo en el bosque y las montañas.

No podían hacer nada. Cambises era el rey al que debían obedecer.

- Darío no sabe que estuve aquí, está molesto y planea sacar a Cambises del poder. Así, él y Tanaoxares reinarían juntos. Pero por ahora, Aristona, esto es un secreto. No se lo reveles a nadie.

Las dos hermanas oyeron pasos y guardaron silencio, asustadas.

Los pasos callaron y los dos, disimulando, empezaron a hablar de los últimos collares y adornos que Cambises les había traído de Egipto.

Aristona notó la presencia de Prexaspes y habló tan suavemente al oído de Atossa que solo ella entendió.

- Y Prexaspes que vino a espiarnos.

- ¿Escuchaste nuestro asunto? - Preguntó Atossa preocupada.

- ¿Quieres saber? - respondió Aristona.

- Será mejor que nos separemos ahora. Espero que Cambises no llegue a saber de qué estábamos hablando - aconsejó Atossa, lamentando su revelación.

Egipto

Cambises, atraído por Egipto, organizó el ejército y partió hacia Pelusa, donde lo esperaba Psamético III, sucesor de Amasis.

Psamético y su ejército se refugiaron en Menfis cuando se dieron cuenta de su desventaja frente a los persas.

Cambises no retrocedió y los egipcios entraron en pánico. Con el apoyo de los árabes y el conocimiento de Fanes, de Halicarnaso, la victoria sería fácil.

El frágil ejército de Psamético fue derrotado por los soldados persas y, a los pocos días, la batalla estaba prácticamente ganada. Las demás personas que vivían a orillas del Nilo, temiendo que Cambises los atacara, comenzaron a enviarle regalos para calmarlo.

Los egipcios, debilitados por el mal gobierno de Amasis y descontentos con su hijo, el inexperto Psamético, no opusieron resistencia a Cambises.

Desde que Palestina quedó sometida a Persia y los árabes se aliaron con ellos, Egipto entró en franco declive económico con el cierre de sus principales puertos.

La batalla estaba ganada, pero Cambises negoció con Psamético y le envió una galera con un mensajero mitileno y algunos soldados. Ninguno de aquellos pueblos se le había resistido y estaba satisfecho con la pasividad del pueblo egipcio.

Psamético; sin embargo, no aceptó la negociación y ordenó a sus oficiales destruir la galera mitilena que había enviado el rey. Para castigar a los mitileños que ayudaron a Cambises, ordenó que todos los miembros de la tripulación fueran acuartelados y devueltos a Cambises.

El poderoso rey, al ver su barco reducido a pedazos y sus súbditos muertos, inmediatamente declaró la guerra.

Fanes; sin embargo, pagó cara su audacia. Antes de la invasión de Egipto, Psamético descubrió su traición e hizo decapitar a sus descendientes.

La afrenta acabó enfadando al rey de una vez por todas. Fanes, al enterarse de lo sucedido con su familia, a pesar del dolor, su rebelión fue aun mayor. Él ahora haría cualquier cosa para vengarse.

Después de la negativa a negociar y de las terribles afrentas, ellos y el ejército se marcharon con tal furia que entraron en Sais y Menfis, arrestaron a Psamético y lo humillaron bárbaramente. El faraón nunca pensó que sufriría tal atrocidad.

Fanes vio los cuerpos sacrificados de sus hijos y su esposa, pero al enterarse que Psamético había bebido la sangre de sus descendientes, quedó poseído.

- Cambises, quiero vengar a mi familia – exclamó con voz ronca.

- ¡Vamos, Fanes!

Algunos vecinos de Egipto, al darse cuenta que la batalla estaba ganada, se rindieron a Persia, temerosos, ante la difusión de la fama de Cambises.

Cambises, inteligente y sagaz, no era inferior al espíritu guerrero de su padre. Pero sus actitudes diplomáticas eran comprometedoras. Impulsado por la revuelta de su consejero, que quería vengar a su familia, no dudó en humillar a Psamético y a quienes lo apoyaban y luego los entregó a Fanes, sin quien no habría ganado la guerra. Ambos hicieron pasar a Psamético y su familia las más bárbaras y terribles humillaciones.

Así vengaron a los descendientes de Fanes y a los mitileños que estaban acuartelados.

Poco después de haber conquistado Egipto, fortalecido por la victoria, Cambises extendió sus ambiciosas visiones a Etiopía, donde le esperaban riquezas infinitas.

La actitud del soberano agradó a la nobleza persa restableciendo una vez más la hegemonía marítima. Los comerciantes griegos y fenicios encontraron así puertas abiertas para entrar en Egipto.

El rey envió espías para observar la vida de los etíopes, su próximo objetivo. Cambises; sin embargo, como había predicho su padre, tendría muchas dificultades con los egipcios. Aquella gente trabajadora y religiosa merecía un trato diferente.

Sería una buena política dejarlos con sus tradiciones y costumbres religiosas.

La casta sacerdotal de Egipto terminó por convencerlo que no tenía sentido intentar cambiarla. El pueblo egipcio era profundamente religioso y místico y no haría nada contra ellos, siempre y cuando les permitieran continuar con su tradición religiosa que estaba impregnada en sus hogares, en las calles, en las plazas y en los templos.

Enfun, el sumo sacerdote intentó convencerlo que, al aceptarlos, se someterían a todo tipo de servicio.

Cambises recordó las palabras de Ciro y mientras el sumo sacerdote hablaba, la impresión fue que su propio padre hablaba por su boca.

Allí estaba sucediendo algo superior, que lo llevó a reflexionar mejor y, inesperadamente, les concedió la libertad religiosa.

Cambises escuchó esa voz interior que hablaba en lo profundo de su alma, tal vez porque le recordaba a su padre, y respondió al sumo sacerdote:

- No haré nada contra sus templos y dioses, pero a ustedes les corresponderá abastecer las casas de cereales y animales.

Egipto produjo suficientes alimentos para abastecer sus graneros durante muchos años y exportarlos a los países vecinos. Cambises, admirado por esta abundancia incomparable, permitió a los egipcios continuar con sus tradiciones, mientras los graneros permanecieran llenos. Por primera vez tuvo una actitud sensata. El sumo sacerdote de Menfis salió satisfecho.

El soberano cumplió su sueño de conquistador, pero quedaban muchos problemas internos por resolver.

Fanes, su principal asesor en Egipto, seguía amargado por los hechos. No adoptó soberanía ni métodos sacerdotales y pronto anunció al rey:

- Cambises, ¿no crees que estos hombres intentan manipularte? Están lejos de considerarte rey de Egipto, pues solo conocen a Faraón como su líder.

El motivo de Fanes era inflamar su vanidad y, a través de Cambises, eliminar también a aquellos sacerdotes que odiaba, porque conspiraron con la muerte de su familia.

Los problemas de Cambises no se limitaron solo a Egipto. Persia también necesitaba su presencia. Las noticias que le trajeron sus secretarios no fueron alentadoras.

Los sacerdotes egipcios no interfirieron en su acción y, tras establecer ese protocolo egipcio que favorecía a ambas partes, debía regresar a Persia y resolver los asuntos pendientes.

Intrigas y odios

El consejo de Fanes lo dejó pensativo y seguro que debía convertirse en faraón.

En Persia, no le gustó el gobierno de Hystaspes y, descontento, decidió sustituirlo por Esmérdis, su hermano.

Tanaoxares; sin embargo, estaba muy emocionado por las bellezas de Egipto y le pidió que lo pospusiera, porque primero le gustaría convertirse en sacerdote del templo de Amón.

Cambises también pretendía descubrir los secretos de aquellos sacerdotes y convertirse en faraón de Egipto. El rey no tenía paz, perdido en la maraña de intrigas que sus consejeros fomentaban a su alrededor, ya sobre Hystaspes, ya sobre Tanaoxares, ya sobre los sacerdotes de Amón.

Una nube oscura se formó en su mente enferma y sus ataques se sucedían con frecuencia.

No faltaron quienes envenenaron su corazón, diciéndole que Tanaoxares Esmérdis lo quería muerto por culpa de Aristona y que su hermano quería la corona y su lugar.

Angustiado, Cambises perdió noches de sueño.

Cuando lograba dormir, su sueño era inquieto y tenía pesadillas.

Su padre se le apareció en sueños pidiendo clemencia.

No podía soportar la idea que su hermano lo estuviera traicionando. En una de aquellas noches infernales llamó a Prexaspes, su fiel escudero.

- Prexaspes, dicen que Esmérdis pretende matarme para convertirse en soberano de Persia. ¿Qué dices ante tales comentarios?

- Majestad, no debe escuchar tales intrigas, porque Tanaoxares no quiere gobernar toda Persia, le basta lo que usted mismo le designó por orden de su difunto padre. Su hermano sería feliz si se quedara en Media, donde tiene interés de residir, en el futuro, tras completar su iniciación en Egipto.

- ¿De verdad crees que son solo rumores? - Preguntó Cambises con ansiedad.

- ¿Quién está fomentando tales ideas, mi señor? - Preguntó Prexaspes.

- Daliris.

- ¡Oh! Esta perra no se calmará. Intentó conquistar a Esmérdis, pero su hermano la rechazó.

Al enterarse de esa preferencia, Cambises no quiso hablar, porque la esclava intrigante no merecía su aprobación.

- Prexaspes, esta vez no le des cuarenta azotes, sino aniquílala de una vez por todas - ordenó Cambises sin piedad.

Esta decisión lo calmó un poco, pero le faltaba algo importante, inquietante y solo Prexaspes podía entender, por lo que dijo:

- Prexaspes, extraño a Moloch, necesitamos construir altares aquí, organizar todo y preparar una virgen.

Prexaspes ya sabía que el rey pretendía conocer los misterios que había en el alma de Esmérdis, porque no había estado completamente convencido de su inocencia.

El rey se abstrajo de todo y de todos y así empezó su locura. Su alma anhelaba buscar el consejo del dios infernal.

Había decidido que, después del culto a Moloch, si se confirmaba la traición de Esmérdis, lo arrestaría y le quitaría el poder sobre las provincias orientales.

En este laberinto de sombras e intrigas, su vida en palacio le impidió salir tranquilamente a la calle y disfrutar de ese aire cálido a orillas del Nilo.

Darío, su lugarteniente, vivía con sofismas en su mente atribulada, era el principal miembro del palacio que lo atormentaba.

Por eso sospechaba de él y de sus maliciosas insinuaciones. Llamó a su escudero:

- Prexaspes, no comentes sobre la ceremonia, en este lugar debemos tener cuidado. Nunca sabemos de qué son capaces estos sacerdotes. No quiero que Darío participe, desconfío de este hombre - le ordenó antes de salir a velar por sus intereses.

Mientras preparaban la ceremonia, Cambises se emborrachó, trastornado por las intrigas que se gestaban en palacio. Su cabeza daba vueltas, acosado por entidades malignas que no le daban respiro.

Moloch era la inteligencia maligna que lo mantuvo atrapado. A pesar de las advertencias de Ciro sobre el bien y el mal, prefirió seguir a Arimá.

Para calmarse, fue a revisar sus decoraciones y exigir nuevos servicios para embellecer el palacio.

Los egipcios tenían buen gusto y sus casas estaban muy decoradas. Les gustaban los jardines de flores. No solo las mujeres se adornaban con esmero, sino que los hombres también se volvían más bellos, luciendo joyas y tiaras.

A diferencia de los persas, vestían poca ropa y estaban muy decorados.

Los persas tendrían mucho que aprender de aquel pueblo ordenado y sensible que tenía sus casas decoradas con plantas y objetos artísticos y, en las paredes, alfombras bordadas y frescos que retrataban su vida religiosa y campesina.

El artista Artestes-Dahr

El pueblo egipcio nació, se educó y mantuvo la familia en el orden más selecto.

Religiosos y trabajadores, permanecieron unidos y adoraron al Sol de Osiris, costumbre que fue adoptada por los persas posteriormente, tras la conquista y adopción de costumbres.

El Bajo Egipto producía las cosechas más abundantes y allí se encontraban los mejores artesanos, escultores, cobre, plata y orfebres.

Los artesanos tallaban el latón, donde el hierro abrasador ablandaba el metal. El ruido sonó como una canción fuerte. Trabajaban desde el amanecer hasta el anochecer. Artestes-Dahr, era un artesano contratado para tallar copas, tazas, tazones y adornos como: pulseras, collares, cinturones y una tiara en forma de corona, con una vigorosa serpiente y una cabeza de león en el centro. Todos aquellos objetos, destinados exclusivamente al rey, estaban siendo trabajados con el mayor cuidado.

Cambises quería satisfacer su gusto refinado y vestirse a la moda egipcia. Aristona, su hermana y todos los de su corte se adherían a la moda egipcia.

Artestes-Dahr entró en la habitación con las ricas piezas trabajadas en oro y plata, siendo esperado por el soberano.

- Mi señor, aquí están las tiaras, las pulseras, los anillos y las tazas, todo como ordenó.

Cambises observó, impasible, cómo se extendían las alfombras. Contenían diversos objetos artísticos que fueron presentados uno a uno. Eran hermosos y brillantes.

Su rostro estaba pálido, agitado, pero su mirada parecía irradiar fuego y la visión de aquellos objetos lo calmaba.

Un esclavo le entregó, sobre una almohada, la tiara en la que había ordenado representar la serpiente y la cabeza del león enfrentadas, como si una quisiera devorar a la otra.

Aristona, a su lado, observaba encantada cómo se desarrollaban las piezas y, al ver la rica tiara, una verdadera obra maestra, no pudo resistirse al adorno y lo levantó para ver la serpiente tallada. Una vez en posesión del objeto, admiró la obra de arte del joven artesano y gentilmente quiso colocarle la tiara en la cabeza.

Una violenta bofetada le arrebató la manita.

- ¡No la toques, maldita Aristona, esta corona está destinada a un rey, soberano del Alto y Bajo Egipto y de toda Persia!

Aristona comenzó a llorar convulsivamente, asustada por la actitud violenta de su hermano.

Esmérdis estaba allí y vio la escena.

Al ver a su querida hermana, sin pensar en las consecuencias, corrió a sus brazos, quien lo abrazó cariñosamente.

Cambises no se encontraba bien, estaba peor de lo que ya estaba, pensó Esmérdis preocupada, algún maleficio se había apoderado de su hermano.

Esmérdis rápidamente sacó de allí a Aristona, temiendo que Cambises, borracho, atacara la pequeña flor que alcanzó los años más bellos de su vida.

Su delgado cuerpo comenzó a tomar formas femeninas y su ropa transparente, decorada con collares, dejaba al descubierto el contorno de su cuerpo ligeramente redondeado.

Al ver que Aristona se había refugiado en los brazos de Esmérdis, Cambises se sintió dolido y celoso y no ocultó su enfado.

La escena dejó a todos desconcertados.

El artesano no sabía qué hacer, y debido a esta discordia, que debería ser común en este suntuoso palacio, su espíritu artístico, tal vez tratando de desviar la atención hacia su trabajo, y avergonzado por haber simpatizado con la dulce joven, intentó para distraer al cliente real.

- Entonces señor, ¿le gustó? - Se atrevió a preguntar.

Esa distracción momentánea fue suficiente para que el rey dejara en paz a Aristona y Esmérdis.

- Hiciste un trabajo hermoso. Este es solo el comienzo. Tengo una orden mucho mayor que ésta y el trono del rey de Persia. Harás mi trono, tallado en oro y plata, como si sobre él brillara el sol de Osiris, que tanto ama el pueblo egipcio. Solo te daré tres meses, porque me sentaré en el trono egipcio, me haré señor absoluto del cielo y de la Tierra, del Alto y del Bajo Egipto. ¡Apunto al título de Faraón!

No se escucharon comentarios.

Había conquistado Egipto de punta a punta, pero para convertirse en faraón tendría que enfrentarse a estos sacerdotes que no simpatizaban con él y sus ideas y, ahora, empezaban a obstaculizar sus planes.

- Artestes-Dahr, tallarás en mi trono, los siguientes personajes: Cambises II, rey de Egipto, Persia y los babilonios.

El joven quedó perplejo ante tanta indiferencia ante lo que anteriormente le había sucedido a su hermana, pues una de las características de los egipcios era el valor que daban a sus mujeres.

- ¡No abandonarás el palacio hasta que mis joyas y mi trono estén listos! - Ordenó a Artestes-Dahr.

Hubo un gran silencio en la habitación. Su mente pareció idear un plan diabólico, visualizando las pompas faraónicas que le interesaban. Nadie más se atrevió a decir nada.

- ¡Prexaspes!

Llamó a su amigo, aquel que cumplía todos sus deseos y cuya presencia lo animaba a satisfacer sus anhelos más ocultos.

Prexaspes fue su cómplice de infancia y el bondadoso consejero que siempre lo acompañó en sus locuras.

Después de todo, él era la sombra del rey.

- ¡Ven, vámonos!

Ambos se marcharon en silencio, mientras Artestes-Dahr y un esclavo recogían los objetos sobre las alfombras.

El esclavo, cuando se encontró a solas con el artista, dijo:

- Si caes en las gracias del Señor, tendrás todo lo mejor, pero si caes en la desgracia de contradecirlo, prepárate, ningún mortal ha sobrevivido a sus torturas.

Artestes necesitaba el trabajo y la advertencia lo dejó pensativo y amargado. Miró a los dos hombres que se alejaban, cada vez más, por un sendero que conducía al agua.

- ¡Que el cielo nos libre del infierno! - Murmuró sombríamente.

El artista agradeció al esclavo su ayuda y salió apresuradamente del palacio en busca de sus herramientas.

Prexaspes y Cambises bajaron a ver a lago y, en un lugar estratégico, se pararon para observar a las odaliscas en su baño matutino.

Este espionaje tenía una doble vertiente, que solo ellos dos conocían.

Mientras las esclavas y sus pequeños se bañaban en el lago que fluía cerca del puente, los dos amigos espiaban cada uno de sus movimientos.

Era un juego al que habían jugado desde que eran adolescentes y era parte de sus secretos.

Luego ambos se rieron de las conversaciones íntimas de las esclavas.

Las águilas egipcias eran muy sensuales. Sus pechos descubiertos eran un placer para sus ojos codiciosos, pero su propósito era diferente.

Desafortunadamente, algunos de los niños que jugaban con sus madres desaparecerían para siempre.

Serían las próximas víctimas de Moloch.

Aristona

Cambises puso vigías por todas partes y en lugares donde nadie sospechaba.

Uno de estos espías, Prexaspes escuchó una conversación entre Esmérdis y Aristona, quienes desafortunadamente comentaron sobre los celos enfermizos de su hermano después del episodio de la tiara y temieron alguna acción contra ellas.

- Esmérdis, querido hermano, Cambises sigue siendo infernal, ya no puedo tratar con él, su presencia me repugna. ¿Cuál será nuestro destino en sus manos? ¡No tenemos un padre que nos proteja! Por otra parte, su figura me produce una profunda lástima.

Esmérdis, sin darse cuenta que los escuchaban, aventuró:

- Si te conviertes en sacerdotisa, Aristona, él no podrá perseguirte y tendrás la seguridad del Gran Sacerdote del Templo de Amón, cuya presencia le inspira respeto, ya que recibe el espíritu de nuestro padre, quien te ayudará a defenderte de Cambises.

- ¡Si mi padre puede hablar a través del sumo sacerdote, mi madre puede protegerme si habla por mi boca! - Dijo inocentemente Aristona, quien de todas maneras quería salir de esa situación.

Darío también tiene intención de casarse conmigo. Ya no puedo ser vestal - confesó Aristona.

* * *

Al enterarse de las intenciones de Darío respecto a la hermana del rey, Prexaspes decidió informarle de las últimas noticias.

- Pensé que deberías saber de las intenciones de Darío, quien además de tener a Atossa, también quiere a Aristona para él.

- ¡Maldita sea! - Cambises se sacudió enojado, pero luego sonrió -. Me alegra saber que Aristona es virgen.

¡Oh! ¡¿Pensé que ella cohabitaba, en secreto, con Esmérdis?!

- No, te lo puedo asegurar, ya que escuché toda la conversación – confirmó Prexaspes.

- ¡Es increíble! ¡Aristona aun es virgen, no será de nadie, porque ya me pertenece a mí!

- ¿Qué piensas hacer, Cambises? - Preguntó Prexaspes, inseguro.

- ¡Lo verás pronto! Me siento aliviado – dijo con una extraña sonrisa en sus labios carnosos, dejando al descubierto sus dientes blancos.

Luego, volviéndose hacia su amigo con una expresión enigmática en los ojos, que asustó al propio Prexaspes, dijo:

- Tendrás que cumplir todas mis órdenes, no tenemos tiempo que perder.

- ¡Por la barba del profeta, ¿qué piensas hacer?! - Exclamó Prexaspes muy preocupado, pues sabía de lo que era capaz.

Moloch recibía víctimas muertas y las sacrificaba vivas según sus instintos.

Sin embargo, Cambises, con una sonrisa enigmática, se guardó su decisión.

Dio tres palmadas y luego entraron dos esclavos.

- Tráiganme a Aristona - ordenó a los esclavos en la habitación.

Por orden del monarca, partieron rápida y ansiosamente para preparar a la joven para el anochecer.

Prexaspes y Esmérdis

Prexaspes, al darse cuenta de lo que iba a hacer, no quedó satisfecho. Recordó con pesar, en ese momento, porque pensó en su esposa y la pareja de hijos. Fue un crimen contra la familia. Extrañaba al viejo monarca y su moralidad.

Los persas no permitían que los hermanos se aparearan, ni los padres a las hijas, lo cual era común en Egipto, especialmente entre la casta faraónica.

Después de unos años en Egipto, esas costumbres se fueron infiltrando en la vida de los persas.

Prexaspes conocía a Aristona desde pequeña y le tenía mucho cariño. Por primera vez se indignó por la actitud de Cambises y, sabiendo lo que les pasaba a las otras mujeres que le pertenecían, el Avesta lo llamó a conciencia.

"No hagas a los demás lo que no quieres para ti." Y por primera vez, ese código moral lo animó a no estar de acuerdo con el rey.

* * *

Molesto, Prexaspes buscó el consejo de Esmérdis, ya que tenía la conciencia culpable. Finalmente se arrepintió de su prisa por comentar lo que había oído.

Lo que le había dicho a Cambises era solo para advertirle sobre Darío y sus intenciones de destronarlo, aliándose con las dos hermanas del rey.

Esmérdis escuchó al consejero de Cambises hasta el fin.

- Te lo agradezco, Prexaspes, solo temo que nada qué podemos hacer para liberar a Aristona de este flagelo - dijo Esmérdis con una sonrisa amarga.

- Le conté a Cambises las intenciones de Darío respecto a su hermana, porque sabes bien cuánto detestamos a Darío y sabemos que tanto él como su padre tienen los ojos puestos en la corona - dijo Prexaspes.

- Lo sé, Prexaspes, no todo está perdido. En este momento hablaré con el sumo sacerdote, solo él puede impedir lo que está previsto para esta noche. Quién sabe, ¿podemos revertir esta horrible situación?

El consejero, más aliviado, prometió actuar en su nombre.

- Intentas emborracharlo y dejarlo durmiendo, tal vez.

Posponer la noche de Aristona para otro día - dijo Prexaspes, esperanzado.

Esmérdis, aun así, temía que sus planes no duraran más:

- ¿Cuándo está prevista la celebración de Cambises? - Preguntó al escudero.

- Se celebrará dentro de tres meses, tiempo suficiente para que se labre su trono - respondió Prexaspes, consciente de la agenda real.

- Tendremos poco tiempo, pero Aristona podrá convertirse oficialmente en sacerdotisa, por lo que pertenecerá al Templo de Amón, y junto al sumo sacerdote, estará protegida de las garras de mi hermano.

- Mientras hablas con el sumo sacerdote, haré lo que pueda para retrasar la creación del trono, pero si Cambises sospecha algo, estaremos todos perdidos - advirtió Prexaspes.

- ¡Él no lo sabrá, te lo aseguro! - Exclamó Esmérdis, convencido de sus ideas y contento de haber encontrado un aliado contra la locura de Cambises -. ¡Pensé que adoptabas todas las locuras de mi hermano, Prexaspes!

- Valoro mi piel, amigo, con Cambises no se puede jugar - dijo Prexaspes haciendo una mueca y burlándose de sí mismo.

- Es verdad, tienes toda la razón.

Ambos se rieron y desde entonces se convirtieron en cómplices.

Sumo-sacerdote de Amón

Esmérdis aprovechó bien su tiempo en Egipto, comenzó el sacerdocio en el templo de Amón, haciéndose rico de sus conocimientos. Desde entonces se había distanciado por completo del culto a Moloch.

Ese mismo día buscó al sumo sacerdote y ambos, tras una entrevista íntima, decidieron actuar sin demora.

Al anochecer, el sumo sacerdote del templo de Amón fue a encontrarse con Cambises para sugerirle que abandonara esa absurda idea. Para ello, ideó un plan, como conocía sus deseos y quería defender los derechos de Aristona.

El objetivo del sacerdote era tener a Aristona a su cuidado y así poder dominar al rey, quien parecía amenazar la tranquilidad de su pueblo con sus ideas extravagantes y crueles.

Bajo su autoridad estaba toda la casta sacerdotal de Egipto y, si quería, fomentaría la guerra nacional, pero era imposible, ya que Cambises estaba dispuesto a permanecer en Egipto y convertirse en faraón.

Al oír al sacerdote, éste respondió enojado:

- ¿Cómo se atreve, sacerdote, a impugnar mi deseo? ¿Dónde está la ley que me obliga a rendirme? - dijo refiriéndose a su unión con su propia hermana.

El sumo sacerdote argumentó:

- Oh, majestad, no vine a impugnar sus deseos, pero hay una ley que protege a las vírgenes. Aristona tiene la intención de convertirse en sacerdotisa. Es el mayor honor que se le otorga a una mujer después de la maternidad.

- Soy soberano y mis órdenes se cumplirán y ¡ay de quien se atreva a contrariarme! - Respondió, agitado e inquieto, ante la magnitud del sacerdote que parecía desentrañar su mente.

El sumo sacerdote decidió cambiar de táctica, pues vio en él una vocación de rebelión y una gran inteligencia centrada en prácticas religiosas que eran abominables en Egipto. Con esta certeza, habló solo para disuadirlo.

- Señor, tú eres soberano en mi tierra, pero para convertirte en faraón, es necesario que pases por el trono de Osiris - afirmó el sumo sacerdote, golpeándolo fuerte, pero observando el efecto que sus palabras causaban en él. Y el resultado fue el esperado.

Ranofer comprendió que se encontraba ante un hombre frágil, cuyo razonamiento no admitía otro poder que el suyo propio. Aquel, el pobre monarca, estaba muy lejos de la verdad y habría que ser bastante hábil para convencerlo.

- ¡Pues hazme hijo de Osiris! - Él demandó.

- Está bien, para poder ver el sol de Osiris y sentarte en tu trono, tendrás que abstenerte de mujeres durante treinta días consecutivos - dijo el sacerdote, completando su plan.

No fue fácil para él dejar de disfrutar de su harém en cálidas noches de luna... Pensó con desilusión, pero decidió:

- ¡Hecho!

- Esta es la primera fase, hay otras, soberano, ¿está usted dispuesto? - Preguntó el sumo sacerdote, discreto y al mismo tiempo misterioso.

- Continúa, sumo sacerdote, haré lo que me pides para ver el sol de Osiris – preguntó Cambises, algo curioso.

- Aun tendrás que abandonar al dios soberano que adoras en secreto, ¡solo así verás la claridad de Osiris y te convertirás verdaderamente en el faraón de Egipto!

Sus palabras cayeron como una piedra sobre su cabeza. "¿Cómo podría ese sacerdote saber acerca de sus cultos secretos?"

¿Alguien lo estaba traicionando o realmente tenía poderes sobre la mente humana?

Estaba indignado, pero se contuvo para no mostrar su admiración y no traicionarse.

La valentía del sacerdote al enfrentarlo lo dejó confundido.

Lo miró fijamente a los ojos, queriendo leer sus pensamientos, pero se retiró, decepcionado, porque no había podido sostener su mirada dura y penetrante.

Sintiéndose amenazado por una fuerza oculta, Cambises disimuló y respondió cínicamente al sacerdote:

- ¿No tienes miedo, sumo sacerdote? ¡Puedo hacer que te maten...!

- No – respondió Ranofer, sin mostrar miedo alguno.

Un profundo silencio se instaló entre los dos. Parecían medir su fuerza espiritual. Cambises, en desventaja, ante la magnitud de aquel hombre que parecía leerle el pensamiento y, a través de su rostro impasible, de facciones angulosas y llamativas, pero de una belleza masculina y al mismo tiempo suave, no tuvo más remedio que en ceder.

- En vista de tu audaz valentía, me comprometo a ver el sol de Osiris para convertirme en faraón de Egipto - aceptó el desafío.

Satisfecho, pero no convencido de su sinceridad, Ranofer se despidió, antes que el rey dijera nada más.

Ranofer estaba seguro que aquel hombre no escatimaría esfuerzos para conseguir su objetivo y, dado su aire irónico y burlón, adivinó la camarilla espiritual que le acompañaba.

* * *

A solas, Cambises se arrojó sobre los cojines, se sentía extremadamente cansado, tenía las piernas débiles y la mente confusa. Pensó para sí mismo:

"¿Cómo puede ser esto? Una de las reglas para adorar a Moloch es el silencio total sobre sus seguidores. Nadie se ha atrevido jamás a confesar. ¡Ah! Iré hasta el final para descubrir los secretos de estos hombres que penetran la mente humana."

Convencido que aquellos sacerdotes infernales sabían leer la mente, se quedó pensativo: "¿De dónde adquirieron tal poder? ¿Qué fuerza tenían aquellos misterios que le ocultaban?"

Haría cualquier cosa por entrar en esos misterios.

La casta sacerdotal egipcia estaba compuesta por matemáticos, filósofos, artistas, que desarrollaron conocimientos de astronomía y revelaron los secretos de las plantas, estudiaron las notas musicales en relación con los números.

Estos conocimientos fueron discutidos y ampliados por Pitágoras[34], de Samos, quien les había dejado infinidad de recursos y les había transmitido métodos que les permitieron conocer el mundo visible e invisible.

Esos secretos interesaron a Cambises, pero los sacerdotes parecían tumbas cerradas.

El día siguiente, Cambises, intrigado, buscó a Ranofer.

El ambicioso rey quería descubrir sus secretos para luego incorporarlos al culto de Moloch. Por ello decidió cambiar su política, porque con ellos no tendría sentido actuar violentamente.

- ¿Cuánto tiempo necesitas para convertirme en faraón? - Cambises preguntó, acostumbrado a ser obedecido.

El sacerdote no vio otra opción que aceptar su imposición, ganar tiempo y responder a Esmérdis que le pedía ayuda.

-Habrá fiesta al buey Apis, dentro de veinte lunas. Tendrás tiempo para recomponerte y prepararte. Entonces, todos los secretos te serán revelados - recomendó, sin ceremonias.

Cambises, para conocer los secretos de aquellos hombres, verdaderos magos, estuvo dispuesto a someterse a la celebración al

---

[34] Pitágoras (-584 a.C.-496 a.C.): filósofo y matemático griego, fundador de la escuela pitagórica.

buey Apis y confraternizar con el pueblo egipcio en la fiesta de la cosecha.

La fiesta popular del adoración no le convenció, era seguro que los sacerdotes engañaban al pueblo y que detrás de esos muros guardaban antiguos secretos que el pueblo común desconocía.

El sacerdote volvió a su objetivo principal.

- Aristona pronto se convertirá en sacerdotisa, si lo permites. Tendrás un gran aliado en tu gobierno. Después de su ordenación, podrás tomarla como esposa y mantenerla en el palacio.

Cambises pensó que era justo y aceptó que su hermana fuera ordenada.

El rey, combinando el conocimiento egipcio con su culto, aspiraba a convertirse en señor absoluto del cielo y de la Tierra.

El sacerdote de Amón se indignó ante su pretensión. El rey era más inteligente y hábil de lo que él había imaginado. La estabilidad religiosa se convirtió en una amenaza para su país; contó con la sabiduría de Esmérdis, con quien conversó durante largas horas, intercambiando algunos conocimientos científicos.

Esmérdis se alegró con la noticia de Ranofer. Veinte lunas bastarían para salvar a su hermana de la humillación a la que Cambises quería someterla.

Pero también estaba preocupado por la salud del rey y sus peligrosos cultos a la luz de la Luna.

- Cambises, deja de adorar a Moloch, no podrás entrar al Templo de Amon-Ra - advirtió Esmérdis, tratando de protegerlo de una posible conspiración, pues los sacerdotes lo odiaban.

- ¡Nunca me rindo ante algo, Esmérdis! Solo lo estoy posponiendo… - respondió con altanería.

Creyendo que Esmérdis actuaba contra él al unirse a los sacerdotes, dijo consternado:

- Ya lo he decidido y no abandonaré mis planes. ¿Y tú? - Se volvió irónicamente hacia su hermano, quien ignoró sus ideas -. ¿Qué quieres después de todo? ¿Crees que no conozco tus verdaderas intenciones? ¡Nadie se opone a mis órdenes! Solo esperaré la celebración del buey Apis, para convertirme en Faraón. Por ahora, Aristona seguirá visitando el templo. Entonces la haré reina.

- ¿A qué intenciones te refieres, Cambises? - Preguntó Esmérdis, ajeno al tema.

Como se había prometido guardar silencio sobre lo que Prexaspes había oído sobre su hermano y Darío, permaneció en silencio, nervioso. El monarca creyó los rumores que Esmérdis y Darío conspiraban contra él para hacerse con la corona.

- Pronto regresarás a Persia, ya que necesito que tú, Bardya, asumas el puesto de Hystaspes.

"Menos mal", pensó Esmérdis.

El Bardya le agradeció interiormente por el tiempo que tendría para actuar. Durante veinte Lunas podrían pasar muchas cosas.

Aristona y Artestes-Dahr

Felizmente, a Aristona no le pasaría nada, al menos durante ese mes, mientras todos se preparaban para la celebración y Cambises se mantendría ocupado, en el templo, para convertirse en faraón.

La princesa visitaba el templo a diario y recibía gran consuelo en aquel lugar sagrado, donde podía disfrutar de paz.

En palacio, el artesano se esforzaba por terminar a tiempo el importante encargo, y trabajaba día y noche, sin descanso porque, cada vez que el rey revisaba el trono, las incrustaciones aumentaban.

En la monotonía del palacio, Aristona se interesó por aquellos objetos artísticos, aprendiendo a esculpir.

Su interés se extendió también al artesano, que ahora vivía en el palacio.

El apuesto joven se sintió cortejado por la princesa, pero se mantuvo distante, conociendo el temperamento del rey.

Aristona, atraída por el distinguido joven, le llevó sigilosamente algunas frutas y comida, en ausencia de Cambises. Pasaron horas conversando, mientras él esculpía el trono y los objetos deseados por el rey.

De esa amistad nació un gran y tierno amor.

Un día, Aristona tomó un trozo de barro y le dijo al chico:

- Oh, Artestes, amado mío, tómame en tus brazos, bésame, entonces moriré en paz."

Artestes-Dahr tembló al leer la inscripción que ella le había dejado. Su corazón también quería abrazarla.

Ansiosamente esperó a que regresara la joven y le dijo en voz baja:

- Aristona, florcita, estrella que brilla en mi cielo, te quiero como el Nilo quiere al mar. ¿Qué haremos si se descubre nuestro amor? - Confesó, recordándole a su hermano.

- Ya no puedo vivir sin ti, amado mío. Vivamos nuestro amor mientras Dios y el tiempo nos lo permitan - lo animó mirándolo fijamente a los ojos.

Y los dos acabaron superando las barreras y a partir de ahora se entregaron a ese amor cristalino, conscientes que tendrían que ocultárselo para siempre a todos.

Aquella unión clandestina estaba oculta a los ojos humanos.

Con el paso de los días, el trabajo del artesano llegó a su fin. Artestes regresaría a su casa y estaría ocupada en el templo.

Los dos amantes, anticipando el anhelo que sufrirían, intensificaron su idilio, permitiendo que dos doncellas de Aristona se enteraran de su romance con el artista. Afortunadamente, sin que la joven lo supiera, los dos esclavos que simpatizaban con ella, protegieron ese romance de miradas ajenas, pues sabían el peligro que corría.

Celebración al buey Apis

Finalmente llegó el día en que Cambises celebraría al buey Apis en la popular fiesta de la cosecha.

Cambises quiso ofender profundamente a aquellos sacerdotes, no sin antes conocer sus secretos y revelarles el Sol de Osiris que los vivificó y transformó su fe en regalos para el pueblo.

Todas las ciudades se reunieron para participar en la fiesta de la cosecha y la procesión a lo largo del Nilo. Felices por la abundante cosecha, se reunieron a orillas del Nilo. Un barco adornado con flores navegaba por el delta llevando al amado buey.

En el templo las expectativas eran grandes.

En la fiesta de celebración, Cambises se vistió con ropas de faraón, se colocó la doble corona iniciática en la cabeza y se arrodilló ante la estatua de Apis, para adorarla, actitud que no convenció a ninguno de los sacerdotes.

Fue coronado Rey del Alto y Bajo Egipto, hijo de Amón Ra, el dios viviente.

La corona tallada por Artestes-Dahr brillaba al sol tanto como el disco solar en la frente del buey en adoración.

La ceremonia finalizó con una gran celebración popular. Los egipcios, con sus mejores galas, celebraron la cosecha hasta el amanecer...

Las festividades terminaron y Cambises esperó la oportunidad, al día siguiente, de entrar en el templo y descubrir los secretos de Amón.

Todo el día fue muy agotador.

Después de las visitas y regalos, Cambises quiso una fiesta íntima para celebrar y decidió que, esa noche, haría de su hermana su esposa.

Esos sacerdotes no perdieron por esperar.

La alcoba estaba bellamente decorada con flores y unas cortinas muy finas descendían desde la cama hasta el suelo. Se colocó una enorme alfombra en la entrada para que la princesa la pisara.

El incienso esparció diferentes perfumes por todas partes.

Aristona, hermosísima, vestía un brocado con piedras que brillaban a la luz de las lámparas. La recibieron los sonidos de laúdes.

Los músicos, para no molestarlos, se escondieron detrás de una cortina, pero su música inundó la sala.

Un grupo de odaliscas ingresó bailando suavemente, al ritmo de la romántica melodía, mientras pétalos de rosas caían sobre los coloridos velos.

Aristona, sentada, tenía una expresión triste, como si estuviera siguiendo un cortejo fúnebre. Tenía el vientre descubierto, un lapislázuli incrustado en su ombligo, su cabello de estilo exótico estaba cubierto con velos multicolores y piedras preciosas.

Ante su angelical belleza, Cambises sonrió y despidió a la doncella, para que estuviera sola.

-Ven, Aristona. ¡Baila! – Le ordenó.

Entre lágrimas ocultas por los velos, Aristona bailaba suavemente como entregándose a su propia muerte. Ante la mirada de deseo de su hermano, todo su cuerpo se estremeció y se acercó a él para preguntarle:

- Cambises, ¿por qué me elegiste? ¡Tienes todas las mujeres del imperio para ti!

- Sí, lo sé, Aristona, mi florcita. ¿Crees que un monarca no puede contentarse con lo que le place?

- Lo sé, hermano, pero un rey no debe ultrajar el trono desobedeciendo sus propias leyes y, ciertamente, a nuestro padre no le gustaría saber qué está pasando aquí... - intentó disuadirlo, aunque sabía que era inútil, conocía bien a su hermano.

- Los muertos ven todo, pero no pueden negarlo. Además, no quiero dividir mi imperio y eliminaré a cualquiera que se atreva a enfrentarse a mí y tocar lo que me pertenece - dijo Cambises, refiriéndose a la idea que su hermana pudiera convertirse en la esposa de Darío.

- No es así como cambiarás esta situación, Cambises. Tú eres el rey, me tengas o no. Ríndete, hermano mío, tengo la intención de ser sacerdotisa.

Cuanto más hablaba Aristona para convencerlo, más se acercaba él, dispuesto a no ceder:

- Ven, florcita, te quiero para mí.

Insinuante y sensual, comenzó a besarla ardientemente.

Aristona reaccionó fuertemente, pero unos brazos de acero la envolvieron y, a una señal, los músicos y bailarines se alejaron. Ambos estaban a solas entre los velos y el incienso de sándalo y los sonidos llegaban a sus oídos como melodías lejanas.

Después, Cambises le ofreció una taza y la obligó a beber una pócima de un elixir preparado especialmente para esa ocasión.

- ¡Brindemos, querida, será mejor! Alzando su copa, el rey brindó:

- ¡Tu belleza es mi imperio...!

La bebida era tan suave como embriagadora y Aristona no vio nada más después de tomar el primer sorbo. Todo a su alrededor daba vueltas y su hermano le pareció, en ese momento, ser el hombre más bello y seductor de lo que sus ojos podían visualizar e inconscientemente se dejó tocar por él al son de aquellos laúdes y arpas que parecían venir de las profundidades de la tierra.

Mientras se desarrollaban estas escenas, la Luna arrojaba su pálida luz sobre las palmeras y Esmérdis, indignada, desahogaba su rencor contra el sumo sacerdote.

* * *

Días después, Aristona, entre lágrimas, se confesó ante el sumo sacerdote.

- Ven, hija - dijo el cura con dulzura en la voz, intentando consolarla.

Aristona dejó de sollozar cuando vio a Esmérdis y se arrojó en sus brazos.

-¡Oh! Esmérdis, ¿por qué no morí?

- Cálmate, Aristona, escaparemos de este lugar. ¡Tendremos que encontrar la manera, de verdad! - Dijo Esmérdis queriendo liberarla de esa situación.

Aristona pensó:

"Si me voy, no volveré a ver a Artestes-Dahr."

Y rompió a llorar.

Los dos hombres pensaron que sus lágrimas tenían otra razón.

Ranofer, para animarla, dijo:

- Se predice que tu hermano planea nuevas conquistas, pues pretende hacer la guerra contra los etíopes. Quiere descubrir los secretos de los cristales y su momificación.

El sacerdote del templo conocía las ambiciones de Cambises y las riquezas minerales de Etiopía.

- Nuestro plan ahora ha perdido su valor - dijo Esmérdis, que había hecho todo lo posible para impedir el matrimonio de sus hermanos.

Arrepentidos de no haber podido evitar el incesto, se quedaron para aliviar el sufrimiento de Aristona continuando su estancia en el templo. Aun así, Cambises quería que ella se convirtiera en sacerdotisa y trabajara solo para él.

El pequeño grupo hablaba solo, pero Cambises había difundido tantos espías que, al día siguiente, ya conocía los detalles de la última conversación.

Toda Persia necesitaba buenos gobernantes que ayudaran a Cambises. Su inmenso territorio, que se extendía hasta el golfo Pérsico, era demasiado oneroso para la corona, que sobrevivía gracias a los tesoros de los reyes conquistados.

Era necesario enviar urgentemente a Esmérdis a Persia, para controlar el gasto excesivo en las provincias y la dispersión de su ejército.

Fanes ocuparía su lugar en Egipto. ¡No confiaba en Darío!

La visita al interior del Templo de Amón

El rey, deseoso de descubrir los secretos del Templo de Amón, aceleró su iniciación.

El día señalado entró al templo.

La entrada estaba adornada por columnas distribuidas simétricamente en alas que se abrían a un enorme salón, utilizado en celebraciones populares, donde el pueblo tenía la oportunidad de rendir culto al buey Apis. Desde esta sala partía el dios hacia la procesión, acompañado por el pueblo.

En el centro de la habitación solo estaba el pedestal donde debería haber estado el buey. Su estatua se guardaba en un lugar secreto, donde los sacerdotes la limpiaban y la incensaban diariamente.

Las iniciaciones comenzaban con la asepsia general del recién llegado.

Cambises entró en una habitación para depilarse. Se afeitó todo el pelo del cuerpo y de la cabeza. Pasó por el cuarto de baño y luego por la ropa de lino.

El monarca cedió a estos desafíos, seguro que tales procedimientos lo llevarían al Sol de Osiris.

Comenzó el asalto al templo de Amón. Un sacerdote le presentó los distintos departamentos de iniciación por los que debía pasar; sin embargo, por las circunstancias, algunos de ellos fueron removidos, porque el rey había depurarse. La iniciación de Cambises seguiría un ritual específico.

Durante la peregrinación, otro sacerdote explicó la doctrina secreta de Egipto y de los iniciados. Nada más que la Historia de los dioses y la saga egipcia inscritas en las paredes. La resurrección de los muertos. El pesaje y la metamorfosis del alma. La sala de las dos verdades, la corte de Osiris por donde pasarían todos.

Ranofer lo siguió en silencio y, tras atravesar los pasillos, entraron en una gran sala hipóstila, donde varias estatuas y pinturas contaban la Historia de la Dinastía de la reina Hatshepsut y su clan.

Cambises, al ver estas esculturas, empezó a sudar frío, su respiración aumentó y todo a su alrededor empezó a girar. Una extraña sensación se apoderó del rey. La sensación que aumentaba la proporción en la que veía detalles de la serie de faraones, hasta llegar a un nicho, donde se encontraron con una figura, cuya mirada ejercía sobre él una verdadera catarsis en su alma.

Dejó escapar un grito, aterrado, al ver su propia estatua, como si hubiera visto un fantasma, se quedó quieto, con la mirada fija.

Ranofer también se estremeció, pero se contuvo ante las estatuas de Tutmes y Hatshepsut talladas en oro.[35]

Un temblor interno sacudió todo el cuerpo de Cambises y, frente a estos sacerdotes desprevenidos, sufrió una terrible crisis.

Ranofer no sabía que su verdadero nieto padecía el síndrome del mal sagrado.

---

[35] Cambises fue la reencarnación del príncipe Horemseb, que vivió en Menfis y fue asesinado por los sacerdotes, en la época de la reina Hatshepsut. Cuando recordó a los viejos personajes, su conciencia espiritual despertó. Reconoció a Ranofer como su antiguo acosador. A partir de ese momento, una gran ira encendió la llama que, en realidad, solo estaba cubierta por una fina ceniza. Un ataque de nervios se apoderó de su ser; su espíritu sin paz sufriría solo un recuerdo más de sus viejos agravios -. Nota del Autor Espiritual -. Su historia está recogida en el libro *Romance de una Reina*, escrito por Rochester y recibido por la médium rusa Vera Kryzhanovskaia.

- ¡Por Osiris! ¡Nunca pensé que esto podría pasar! - Exclamó estupefacto ante el ataque epiléptico del rey. Él y los demás siguieron, perplejos, escena tras escena.

Cambises, después de golpearse frenéticamente, cayó a los pies de Ranofer, sudoroso y exhausto.

Ranofer conocía el mal sagrado y sabía que esta enfermedad quizás podría encontrar cura en una delicada cirugía, mediante la reparación para extraer la piedra que quedaba en el centro del cráneo.

Al rey le llevó algún tiempo salir de su letargo. Dos sacerdotes observaban al rey, mientras Ranofer y sus compañeros hablaban de los efectos de aquella enfermedad y estudiaban una forma de curarlo.

Cuando el rey salió de su desmayo epiléptico, no recordaba nada. Se levantó, como si nada le hubiera pasado, miró a su alrededor, sintió, como siempre, una enorme decepción, como si algo andaba mal.

Vio a los sacerdotes de Amón y, en el centro, el sumo sacerdote. Parecían distintas figuras que pertenecían a una época remota, archivadas en su memoria espiritual.

El sumo sacerdote, frente a él, había cambiado de apariencia.

Reconoció a Roma, su antiguo adversario.[36] Aquella figura lo enloqueció y, en un instante de memoria, recordó la gran humillación que le hicieron pasar en la antigüedad. Sin ningún temor, se dirigió amenazadoramente hacia su garganta, completamente loco. Su único deseo era estrangularlo.

Dos manos de hierro lo detuvieron e impidieron un nuevo crimen.

Uno de los sacerdotes lo abrazó en silencio.

---

[36] Ranofer era la reencarnación de Roma.

La Iniciación

El extraño episodio los dejó preocupados.

Por las extrañas circunstancias que rodearon aquella situación, los sacerdotes comprendieron que el rey no se encontraba en sus facultades normales y sería muy difícil exigirle una actitud acorde con la iniciación.

Como resultado, actuaron como si nada hubiera pasado.

La iniciación falsificada del rey aun no había terminado.

Cambises se negó a regresar a esa habitación.

El sumo sacerdote decidió interrumpir la iniciación, temiendo que el rey sufriera un nuevo ataque. También se negó a estar a solas con Cambises.

En los días siguientes continuaron con el ritual iniciático. El rey no renunció a ver el Sol de Osiris.

Pasaron por la habitación donde se encontraba el barco que transportaría al dios Apis. Luego rodearon el lago lleno de lotus sagrados, en cuyas orillas los papiros danzaban al viento. El rey, que parecía de buen humor, admiró el paisaje nunca antes visto y comentó las bellezas nativas de Egipto.

Llegaron a la última etapa de su iniciación, por lo demás, una iniciación forjada para el rey.

Visitaron el santuario que albergaba la estatua del buey Apis.

Era el altar más cuidado y perfumado de todas las salas hipóstilas.

Allí estaba la estatua que adoraba el pueblo egipcio.

Esta estatua, una vez al año, durante la celebración de la cosecha, salía a la calle, cuando los pobres campesinos egipcios tenían la oportunidad de verla. Todos podían adorarla y bailar a su alrededor, dándole sus mejores ofrendas, regalos, perfumes, incienso y alimentos. Observaron absortos cómo el barco decorado la llevaba a lo largo del Nilo.

Cambises, al ver la estatua que parecía estar viva, la examinó de punta a punta, sin rastro de adoración en su rostro, ante los ojos de los sacerdotes de Amón quienes, decepcionados, lo siguieron en silencio.

Ante el ruido, sonrió sarcásticamente.

- ¡¿Y este es el dios que adoran, sacerdotes de Amón?! - Preguntó irónicamente.

Aconsejados por el sumo sacerdote de permanecer en silencio, cualquiera que fuera la agresión, ninguno de ellos respondió.

- ¡Qué sangre corre por sus venas, idiotas! ¿Qué me están ocultando? ¡Este dios es una pura farsa!

De repente, Cambises se enojó y pronto comenzó a gritarles a los sacerdotes. Su voz resonó a través de las columnas, llegando a sus guardias afuera.

Enfadado, Cambises empujó a los sacerdotes y se adentró más en aquel templo y finalmente encontró a Apis, el buey adorado en carne y hueso, que tranquilamente se alimentaba.

Se encontró cara a cara con aquel animal exótico que tenía metido un disco solar entre sus orejas.

Sin medir las consecuencias, arrojó su puñal e hirió una de las patas del buey sagrado. Inmediatamente la sangre brotó y el animal respondió al ataque con una patada.

Cambises se retiró rápidamente.

Los sacerdotes, asombrados, lo siguieron y trataron de impedir su acción, pero el accidente ya había ocurrido.

Cambises, ofendiendo a la divinidad, ofendió a todos los egipcios con su gesto brutal.

- ¡Oh! ¡Imbéciles, deberían tener este buey sagrado en sus cocinas!- Exclamó, insultándolos con su mordaz crítica.

Luego gritó con locura:

- ¿Dónde está el Sol de Osiris?

El silencio fue mortal.

Como nadie se atrevía a hablar, el rey, impaciente, pensó que aquellos hombres conspiraban contra él.

Los miró con tanta ira y odio que rápidamente se fue.

Los sacerdotes, sin saber qué hacer, esperaron su regreso. Hicieron una rueda, tejiendo comentarios en voz baja, sobre la actitud de aquel extraño monarca.

La rueda se disolvió rápidamente cuando entraron los soldados.

Los estupefactos sacerdotes fueron golpeados salvajemente, y los hechos sucedieron tan rápido que nadie tuvo tiempo de defenderse del ataque masivo, de hecho ni siquiera notaron que sus cabezas giraban.

Los soldados les cortaron el cuello uno a uno, dejando solo a Ranofer.

Ranofer, ante la barbarie de la escena, casi no pudo soportar las lágrimas, pero resistió hasta el final la locura de Cambises.

- ¡No morirás hasta que me muestres el Sol de Osiris! – Lo amenazó, sin recibir respuesta.

Ranofer estaba en shock.

Cambises se dio cuenta que su violencia sería inútil y, si aniquilaba a Ranofer, nunca descubriría los secretos de Amón.

Agotado, pospuso su búsqueda hasta el día siguiente.

Una presencia real

Ordenó a todos los sacerdotes que habían huido que se quedaran y aniquilaran a los que estaban fuera del templo. Fue el fin de la casta sacerdotal de Menfis.

La gente quedó conmocionada sin sus líderes religiosos. Las mujeres lloraron y los niños fueron escondidos, todo Egipto lamentó el hecho, pero nadie se atrevió a comentar nada al respecto.

El pueblo pacífico y obediente empezó a temer al cruel soberano.

El sumo sacerdote, seguro de estar a merced de un enfermo mental, con un gran poder en sus manos, estudiaba la manera de no empeorar su situación y la de su pueblo.

Se cerraron las puertas del templo y se hizo el silencio.

Esmérdis, tan pronto como se enteró de la tragedia, entró al templo y buscó a Ranofer. Pasó junto a los cadáveres, horrorizado.

Fue a buscar a su amigo al interior del templo, completamente postrado. Sus fuerzas vitales parecían haberse agotado.

El sacerdote era un hombre apuesto, alto y de piel oscura, pero en aquellas horas había envejecido veinte años. Fue triste verlo. No pudo describir el dolor en su rostro, cuando pensó en todos sus compañeros allí, decapitados.

Antes había cumplido su deseo de rebelión.

- ¡Oh! ¡Ranofer, que Dios se apiade de Cambises, mi pobre hermano!

Ranofer no dijo nada.

Esmérdis se quedó a su lado y el sacerdote le contó, entre lágrimas, lo sucedido. Su alma se sintió petrificada.

Esmérdis, que no compartía las ideas de Cambises, sintió aquella terrible tragedia tanto como él y trató de aliviar el sufrimiento de Ranofer.

- La única manera de salvarte y calmarlo, Ranofer, es mostrarte el Sol de Osiris, el verdadero, en su plenitud - aconsejó Esmérdis, con prudencia.

- No puedo. Prefiero la muerte - respondió el sacerdote, estupefacto.

- Tarde o temprano lo verá, no es solo el Dios de los iniciados - dijo Esmérdis, para convencerlo que se salvara.

- Pocos se le resisten, Esmérdis, su luz deslumbra y al mismo tiempo magnifica el alma de quien lo ve.

El sumo sacerdote permaneció irreductible.

Esmérdis miró a su alrededor en busca de ayuda y solo sintió vacío y muerte.

Entonces el recién llegado oró piadosamente.

Si Ranofer no le respondía, estaría igualmente perdido, pensó con tristeza, pues sabía que ese secreto debía estar oculto.

Algo majestuoso se interpuso entre los dos hombres.

Una tenue luz verde apareció y se intensificó.

Esmérdis sintió que se acercaba el espíritu de su padre y se conmovió, porque Dios había escuchado su oración.

El sumo sacerdote, que se comunicaba con los muertos, sintió la entidad, que llegó en paz y se presentó como un rey persa.

"Su padre vendría a ayudarlos", pensó Esmérdis felizmente, como prueba que estaba en el camino correcto.

Ciro, el gran rey persa, surgió del más allá, alentando la humildad para venerar el espíritu endurecido de su hijo desafortunado.

- Gran sacerdote de Amón, tu dolor por la pérdida de tus queridos compañeros no es menor que el de ver a uno de los nuestros perdido en el acantilado de Amenti - le dijo a Ranofer, refiriéndose a los sacerdotes asesinados -. Regocíjate por todo lo que pasó. No desesperes, porque Aristona te necesita. En el valle del dolor, ¿quién la ayudará en su misión?

- ¿Tú, quién eres? - Preguntó el sacerdote, sin reconocer a la entidad que le hablaba, pero que le inspiraba un profundo respeto.

- Soy Ciro, rey de Persia, vengo en nombre de mi pueblo, siempre he respetado tus costumbres y leyes; sin embargo, mi hijo, Cambises, persiste en la oscuridad que nubla su visión. Muéstrale el Sol de Osiris, porque es la única oportunidad que tendrá de ver la luz. Una vez le basta para no olvidarla jamás. Te lo pido hijo mío, es la súplica de un soberano que respetó lo sagrado, tierra de faraones y no te arrepentirás de tu gesto, saldarás la larga deuda que los unió en esta amalgama de acuerdos pasados.

Ranofer, emocionado, de tener delante no solo un gran monarca, pero alguien que ya había pasado por la Corte de Osiris y ahora venía a consolarlos.

El espíritu de Ciro continuó:

- La misión de Egipto no ha terminado. Aun se desarrollarán siglos de luchas en las arenas del desierto y más allá del mar. Sin embargo, es cerca del valle del Nilo donde Dios predestinó el nacimiento de la más bella forma humana y la Tierra nunca recibirá otra igual. Entonces, hijo mío, todos verán el verdadero sol que da la vida... - dijo el rey, refiriéndose a Jesús -. En cuanto a ti, Esmerdis Tanaoxares, cuida de Aristona. ¡Ayuda a tu hermano y perdona a tus verdugos!

Dicho esto, la entidad desapareció.

Tanaoxares entendió lo que su padre les pedía. Dejó que las lágrimas fluyeran, calientes y brillantes como cristales.

Después de esa manifestación espiritual, ambos sintieron un enorme consuelo.

"¿Qué será del pueblo egipcio si fracaso?" - Pensó el líder religioso, buscando fuerzas para venerarse.

Una intensa batalla se desató dentro de su alma.

Esmérdis siguió su batalla interior, convencido que aquel hombre culto y nato estaba predestinado a guiar a su hermano de vuelta a la razón.

Ranofer, tras unos momentos de meditación, decidió atender al visitante real, que había salido de la mansión de los muertos para recibirlos. Finalmente le dijo a su compañero:

- Esmérdis, deja que Cambises venga al templo de Amón mañana, cuando brille el claro Sol del mediodía.

Esmérdis le agradeció y, luego de esa singular comunicación del espíritu de Ciro, ya no tuvieron dudas de lo que debían hacer.

El iniciado del templo fue a contarle la noticia a su hermano.

Al salir del templo, los cuerpos de los sacerdotes ya habían sido retirados para ser embalsamados.

Unos guardias sacaron el buey ensangrentado, que fue arrastrado como cualquier otro animal, y se lo entregaron a unos campesinos que pasaban por allí.

Miró al buey sagrado y dijo con compasión y disgusto:

- Pobre animal. Finalmente, regresarás a tu verdadero lugar, el suelo de la tierra.

En el Palacio

Cambises salió del templo ciego de rabia, porque no había visto el Sol de Osiris.

La sangre derramada de los malditos sacerdotes no saciaba su sed de venganza.

Momentos después, Tanaoxares le informó que el sacerdote le mostraría al día siguiente el Sol de Osiris.

Esmérdis le habló de Ciro y sus palabras. Eso lo calmó.

Para celebrarlo, ordenó un banquete para que él y sus asesores pudieran disfrutar de bebidas y comida, felices con su último logro. La noche se volvió más animada cuando se abrieron las puertas del harém y las esclavas egipcios vinieron a bailar y servirles.

El Sol de Osiris

Al día siguiente, ya era tarde cuando Cambises se despertó. Tenía el rostro pesado por la orgía de la noche anterior. Acostado sobre las almohadas, apenas podía abrir los ojos.

Uno de sus espías estaba presente con nuevas noticias. El futuro rey escuchaba pacientemente a su interlocutor, su respiración permanecía suspendida, ningún miembro de su cuerpo se movía, solo sus grandes pestañas parpadeaban y sus ojos brillaban como dos antorchas encendidas.

Prexaspes despidió al espía con aplausos, mientras Cambises comía fruta.

Una nube oscura rodeaba su cabeza y su mirada, que parecía ver más allá, vagaba por la habitación.

- Un gran enemigo nos rodea - dijo el rey, irritado y pensativo. Su cabeza hervía llena de malos pensamientos contra sus consejeros, contra sus hermanos, contra todos.

"¡Qué genios malvados son estos que no me dan tregua!", pensó irritado, sin paz.

- Siento que Esmérdis está conspirando contra mí, sé que quiere a Aristona. No confío cn Darío.

Prexaspes quiso cambiar ese pensamiento infundado contra Esmérdis, educado e iniciado en la magia del templo, solo quería ayudar a su hermano a gobernar y contener la furia de los sacerdotes que habían conspirado para eliminarlo.

- No, Cambises. Esmérdis es inocente – dijo Prexaspes para salvar al hermano del rey.

- Ahora, ¿si tú mismo me dijeras que él y Darío estaban conspirando contra mí? - Se puso nervioso e indignado.

- Sí, Cambises, escúchame, acabo de decirte lo que oí. Debes temer a los sacerdotes - aclaró Prexaspes -. Pero ahora, oh gran rey, estás vengado, no hay nadie más en Memphis que pueda atacarte.

- Quien camina con el enemigo, también se convierte en enemigo. Esmérdis sigue halagando a estos imbéciles mortales - afirmó, consciente de la última entrevista de su hermano con el sumo sacerdote.

- Solo quiere ayudaros, majestad, para que puedas ver el Sol de Osiris lo antes posible.

- No lo defiendas, Prexaspes, ya que he decidido que Fanes permanecerá en Memphis mientras yo voy a Persia. Jenefres me acompañará, ya que pretendo organizar nuestro ejército.

Prexaspes se sorprendió que Cambises no considerara a Darío como su lugarteniente. Desde que Aristona se había convertido en su esposa, había expulsado a Darío de Menfis.

Un esclavo anunció al rey que el Sol estaba en el punto más alto del cielo.

- Señor, ha llegado el momento tan esperado - advirtió su amigo -. Pronto satisfarás tus deseos, verás lo que los mortales egipcios no vieron.

✳ ✳ ✳

- Estoy listo - dijo Cambises, ansioso.

En la ciudad de Memphis, en las calles, en las plazas, en las casas, dondequiera que uno iba, el comentario era solo uno: la matanza en el templo principal.

A causa de esta charla, la gente tenía miedo de caminar por las calles. La tragedia había conmocionado a todos.

Por eso, cuando Cambises pasó, encontró las calles vacías. Cuando se fue se llevó una decepción, pues le gustaba ser admirado y disfrutaba de los comentarios que llegaban a sus oídos.

Cuando llegó al templo, Tanaoxares lo esperaba en el pórtico principal.

- Ranofer te espera dentro del templo, majestad – le dijo su hermano.

Cambises entró en el templo, firme y decidido.

Estaba solo y el viaje le pareció más largo que otras veces.

Escuchó sus pasos y vi su sombra parpadear ante las antorchas encendidas.

Pasó por las habitaciones, miró los cuadros, nada de eso ya le interesaba.

-¡Adelante! - Se dijo a sí mismo.

La habitación donde fue apuñalado el buey estaba completamente limpia y fragante.

Nadie por allá.

Se detuvo, esperando a Ranofer.

Miró a su alrededor, sin ruido ni señales de vida. Mientras esperaba a Ranofer, Cambises se estremeció.

Un escalofrío helado de muerte penetró en su alma y el suelo parecía faltar en las plantas de sus pies.

Sombras oscuras lo envolvieron misteriosamente, y él, que se creía solo, escuchó voces que aparecían desde el aire, al principio confundido, y, poco a poco, empezó a identificar lamentos, aullidos, gemidos y luego, más cerca, empezaron a acusarlo. Lo llamaron asesino y escuchó otros insultos más estridentes y espantosos. Estas voces se fueron intensificando, intensificando hasta que lo ensordecieron. Los sacerdotes muertos allí estaban vivos, sin cabeza, señalándolo con el dedo.

Se tapó los oídos para no oír, pero no sirvió de nada, iban y venían como tambores.

Luego vio mujeres desnudas y desaliñadas; niños sangrientos; hombres jóvenes y hermosos que le sonreían y luego sus sonrisas se convertían en gritos estridentes. A veces eran estatuas que luego se convertían en personas vivas; ahora, personas que se convirtieron en estatuas.

"¿Qué demonios de Amenti me persiguen?" - tembló, impotente, porque intentó atrapar a una de esas criaturas fantasmales y fracasó.

Se sintió asustado.

"¿Dónde está Ranofer?" Él era el mono que podía estar ahí - pensó.

- ¿Qué trama este mago contra mí? – Dijo para sí mismo, mientras las entidades gritaban aterrorizándolo.

- ¡Ranofer! - Llamó finalmente.

El sudor le mojó la ropa y la frente.

Sentía que se estaba volviendo loco con esos horribles demonios, aquellas víctimas de Moloch no le daban respiro. Parecían vampiros que querían beber la sangre de sus venas.

Esos minutos de espera parecieron una eternidad.

- ¡Ranofer! - Volvió a llamar, ahogado, cuando una voz sonora lo invitó:

- Ven.

Era Ranofer.

El sumo sacerdote apareció para su alivio.

Cuando entró el sacerdote, las sombras desaparecieron y las voces se callaron, misteriosamente.

Cambises estaba agitado y tenía los ojos dilatados. El sacerdote pensó que se produciría una nueva crisis.

Sin embargo, la curiosidad de Cambises era tan grande que mantuvo cierto control sobre sí mismo, ansioso por poner fin a esta farsa lo antes posible.

- ¿Tú, oh Cambises, quieres ver el Sol de Osiris? - Preguntó Ranofer, muy serio.

- Sí.

Le preguntó tres veces más y las tres veces Cambises respondió que sí.

- Verás el Sol de Osiris, pero nunca lo olvides: nunca volverás a ser el mismo - afirmó perentoriamente el sumo sacerdote, sabiendo la plena responsabilidad de su acción.

Ambos estaban uno al lado del otro cuando, inesperadamente, la habitación giró y se abrió una gran puerta.

Cambises se encontró entonces en un ambiente indescriptible a los ojos mortales. La habitación estaba toda iluminada, una luz tan intensa que se puso pálido como la luz de la luna.

Un arco iris flotaba en el aire, esos colores subían y bajaban formando elegantes diseños como si fueran cascadas de luz de colores.

Sus pies no tocaron el suelo. No sentía el peso de su cuerpo, ningún sonido llegaba a sus oídos y no podía pensar.

Conmovido en lo más profundo de su alma, Cambises se entregó a ese ser que lo envolvía en tan gran bienestar, cuyo sentimiento de ausencia de sí mismo comenzó a asustarlo. Perdió su razonamiento y su razón.

Para él había pasado una eternidad. Se vio fuera de la Tierra, en la materia radiante y sin secretos.

Pero su abrazo fue tan suave y majestuoso que él no pudo resistirse.

Una voz suave, pero penetrante tocó las fibras más íntimas de su alma:

- Hijo de mi corazón, te espero en el camino de la redención. Ven, yo soy el Camino, ¡ven!

Perdió el conocimiento por la emoción de ese contacto.

La escena desapareció.

Cambises estaba acostado, completamente extasiado.

Solo el sudor que mojaba su cuerpo demostraba que todavía estaba vivo.

Cuando entró Tanaoxares, su hermano aun permanecía en el mismo estado.

El sumo sacerdote le dio pases y al verlo llegar le dijo:

- Esmérdis, no te puedo decir qué pasará después de todo lo que presenció. Llévalo a casa. Tengo miedo que enferme.

Esmérdis asintió y luego agradeció:

- Querido maestro, te agradezco las lecciones, volveré pronto.

TERCERA PARTE

Encuentro con la verdad

Llevaron a Cambises de regreso al palacio y lo acostaron en su habitación.

Era de noche y todavía estaba inconsciente. Esmérdis se quedó cerca, esperando que despertara.

Algunos idiotas comenzaron a dar fe que el trance extático había terminado. Su conciencia comenzó a regresar lentamente. Uno tenía la impresión que había nacido en ese momento.

Cambises finalmente despertó, su cuerpo se sentía mal, abrió los ojos y casi no reconoció sus habitaciones.

Estaba sereno, había alcanzado la paz profunda que su espíritu anhelaba.

Se pasó las manos por los brazos y sus células se sintieron nuevas.

Vio a Esmérdis y se asustó:

- ¿Qué haces aquí a estas horas?

- Dormiste toda la tarde y ya es de noche, Cambises.

Poco a poco fue recuperando la conciencia y solo recordó cuando llegó al templo.

Todo había sido borrado de su memoria.

Recordaba vagamente a Ranofer a su lado, luego solo esa sensación de bienestar, de paz, que nunca había experimentado en su vida.

- Tuviste tu encuentro, Cambises, con la Verdad - dijo Esmérdis, feliz, porque nunca lo había visto tan sereno.

El hermano había renovado su rostro. Aquella apariencia endurecida, que a veces daba miedo, ya no era visible.

Sus expresiones faciales eran suaves, lo que lo hacía más guapo.

Cambises guardó silencio. No tenía ganas de hablar.

Su orgullo ya no le permitía discutir y dudar del Sol de Osiris.

Quería pensar en su estado, pero no tenía fuerzas. Quería reaccionar.

Algo más fuerte que él lo obligó a retirarse.

Momentos después, una inquietud empezó a apoderarse de él.

Tomó un sorbo de vino y sintió que la copa le devolvía el vigor que parecía haber perdido.

Pero pasó el resto de la noche pensando, mirando la luz de la Luna.

Esmérdis lo observó escondido en las sombras y le pareció ver dos lágrimas caer de sus ojos. Él respetó su silencio y continuó allí. Solo lo dejó cuando lo vio quedarse dormido.

Su cerebro ágil e inquieto parecía haber sido bombardeado.

Planes contra el Rey

La vida continuó, sin mayores cambios.

Un emisario anunció por la mañana que Darío entraba en la ciudad con doscientos hombres, ya que habían terminado su trabajo en Sais.

Aristona, a punto de convertirse en sacerdotisa del templo de Osiris, había despertado poderes ocultos.

Cambises tenía interés en sus facultades para contactar con los muertos. Su hermana lo ayudaría a desentrañar sus misterios, por eso siempre tuvo a Aristona a su lado.

Darío, a su vez, temía que Aristona descubriera sus verdaderas intenciones, las discutiera con sus hermanos y pusiera fin a sus planes. Intentó hablar con la joven y no entendía por qué ella siempre lo evitaba.

A la princesa ni siquiera le importaba su presencia, ansiosa por volver a ver a Artestes-Dahr, a quien le había entregado su corazón.

No volvió a verlo nunca más para no levantar sospechas. "¿Cambises no necesitará sus servicios? ¿Y si lo animo?" - comenzó a pensar en alguna forma de tener a su ser querido en palacio y continuar con el idilio interrumpido.

Descubrió dónde vivía el joven. Un día, mientras caminaba por la ciudad, vio su casa.

Luego ella misma dejó de verlo por miedo a poner en riesgo sus vidas. Pero su corazón ardía con el deseo de verlo.

Animada por sus ideas, buscó a su hermano y le preguntó, casualmente:

- Querido hermano, ¿cuándo tendrás una estatua en el porche? ¡Siempre estás peleando, Cambises, y olvidas detalles tan importantes! - Le aconsejó descuidadamente, sabiendo lo vanidoso que era.

- Recordaste bien, florcita - sonrió el rey, enigmáticamente. Sus preocupaciones por las guerras no le dejaban tiempo para pensar en estos adornos tan preciosos para su refinado gusto.

Se alegró al ver que Aristona estaba preocupada por su desempeño y, dispuesto a ayudarla, se dirigió a su asesor y le preguntó:

- ¿Cómo se llama ese artesano, Prexaspes? - Se había olvidado de él, por completo.

- No será difícil averiguarlo, majestad.

- Tráelo inmediatamente - ordenó.

Aristona esbozó una leve sonrisa, pero Prexaspes advirtió al rey:

- ¿Por qué, majestad, invitará a los artistas?

¿En menos de dos semanas estaremos de camino a Chipre?

- ¡Puede acompañarnos mientras trabaja!

- Es cierto, majestad – dijo Prexaspes, para alegría de la joven.

Al oír esto, la joven se levantó y salió tarareando.

- ¿Qué vio Aristona hoy?

- No lo sé - respondió Prexaspes, sin sospecharlo.

***

Ahora solo era cuestión de convencer a Cambises que la llevara a ella también al barco. ¿No sería demasiado arriesgarse y exponerse a ese peligro? No, no, lo mejor sería quedarse. Quizás el artista no era.

Aristona se fue y los dos hombres hablaron.

- Deseo sustituir a Hystaspes y colocar a Tanaoxares como gobernador de las prances orientales, antes que vayamos a Chipre. Me siento aliviado porque mantengo el control total del Alto y el Bajo Egipto. La muerte de los curas acabó por tranquilizarme. Lo único que puedo hacer es organizar Persia y te necesito. Fanes nos estará esperando y sabe cómo tratar con sus paisanos.

Prexaspes esperó a que terminara el soberano:

- Tengo un plan para ti, mi fiel Prexaspes. Tu y Esmérdis seguirán adelante y dentro de unos días yo los seguiré. Les daré tiempo suficiente para organizar mi llegada.

Cambises tenía la intención de coronar a Esmérdis gobernador de las provincias orientales y llevar a Hystaspes a la batalla en Etiopía, después de organizar el ejército. No podía descartar la experiencia del fiel escudero de Ciro, a pesar de su edad.

Él y Aristona irían juntos a Persia.

En Egipto permanecerían Atossa y Darío, ya que su objetivo era mantenerlos lo más lejos posible de Esmérdis y Aristona. No confiaba en ellos. Tenía miedo que se unieran y perturbaran sus planes.

Atossa acabó descubriendo los planes del rey y se lo contó todo a Darío, a quien amaba.

Darío, al enterarse que Cambises deseaba apartar a su padre de tan alto cargo, decidió intervenir de inmediato. A la mañana siguiente, Darío entró en la cámara real con un mensaje que había llegado por correo.[37]

- Señor, te lo ruego, necesito ir a Persia. Acabo de recibir una notificación que mi padre está gravemente enfermo. ¡No me lo prohibirías, sabes que el deber de todo persa es ayudar a sus padres!

---

[37] Ciro había montado un gran sistema de puestos en lugares estratégicos y así mantenía el control en todo el país. Estos correos trabajaban incesantemente y era a través de ellos como Cambises obtenía noticias de sus generales y controlaba a los gobernadores de las provincias.

- Si es verdad Darío, puedes irte hoy, dentro de una semana estaré ahí. Espero que tu padre mejore. Ordenaré al médico que te acompañe. Esmérdis y Prexaspes están en camino. Lástima que no los alcanzaste.

- Sabía que podía contar contigo, oh majestad, te estaré eternamente agradecido – agradeció al rey, ocultando así su fingimiento.

Tuvo suerte, porque el rey estaba de buen humor y no puso objeciones. El deber para con los padres era una de las leyes más severas del Avesta.

Darío partió inmediatamente, acompañado por Udjahorresne.

Dadas las circunstancias, Atossa seguiría a Cambises en la caravana real.

Hystaspes y su hijo, que mantenían contacto frecuente, habían trazado un plan, solo les faltaba la oportunidad de implementarlo y, ahora, con el viaje de Esmérdis, todo les salió bien.

El viejo plan no podía fracasar. Los dos querían eliminar a Esmérdis en el camino a Persia y luego a Cambises.

Una vez hecho esto, ambos se apoderarían del Golfo Pérsico y sus provincias.

La desaparición del príncipe

Aunque desconfiaban de estos planes, días después, Cambises abandonó Menfis, de madrugada, rumbo a Pasargadas.

La caravana real partió. Los camellos, ricamente adornados, iban delante y los demás animales los siguieron con las provisiones necesarias. El viaje del rey siempre fue largo, le gustaba montar sus tiendas y descansar en el desierto para admirar la luz de la Luna.

Esmérdis debería hacerse cargo del gobierno del Este. Mesopotamia, toda unificada, constituyó el imperio persa. Era imposible mantener el control de las provincias orientales. Se necesitaba un gobernador hábil y fiel en cada puesto y algunas satrapías atravesaban serias dificultades.

Cambises, descontento con Hystaspes y los nobles persas que deseaban poner al pueblo en su contra, primero destituiría a Hystaspes de su cargo y luego eliminaría a todos aquellos nobles persas que se oponían a su gobierno. Estas eran sus intenciones.

La noticia de la enfermedad de su sustituto llegó en el momento justo, fue una señal que era momento de actuar.

De esta manera gozaría de tranquilidad para conquistar otros espacios que deseara, como Etiopía y Cartago.

Se necesitaría algún tiempo para organizar los barcos y el ejército, que estaba disperso.

∗ ∗ ∗

El largo viaje por el desierto fue arriesgado.

Antes de llegar a Persia, tres caballeros llegaron a la caravana real e informaron al rey que Esmérdis había muerto.

De hecho, su hermano había desaparecido sin dejar rastro.

Cambises quería saber detalles, pero los caballeros no tenían información.

Dijeron que Prexaspes había llegado solo a su destino y parecía desolado.

Cambises hizo un entierro simbólico y lamentó la muerte de su hermano a quien había asignado parte de su trono.

La muerte de Esmérdis, la amada Bardya, se convirtió en un misterio para todos.

Se extendió por todo Irán el rumor que el rey había ordenado la muerte de su propio hermano, para convertirse en señor absoluto.

Otros comentaron que él y sus conductores fueron tragados por las arenas del desierto.

Algunos decían que un grupo de ladrones lo mató para robar. El propio Prexaspes no pudo explicar la repentina desaparición y parecía inocente.

El misterio flotaba en el aire y el rey parecía indiferente. Su actitud aumentó las conversaciones a su alrededor. La verdad es que nadie pudo traspasar ese rostro impasible.

- El rey guardó silencio ante los hechos.

A pesar de los rumores, Cambises continuó la búsqueda de sus espías, ofreciéndoles recompensas por cualquier pista.

Darío, sin perder tiempo, insinuó a Atossa:

- ¿Crees en la desaparición de tu hermano? ¿No crees que fue asesinado?

- ¿Quién mataría a Bardya si fuera tan bueno y no hiciera daño a nadie? - Preguntó Atossa entre lágrimas, recordando que su hermano siempre había sido amable con ella.

- Prexaspes cree que unos nómadas podrían haberlo matado para robar - insinuó Darío, alentándole la idea de un posible asesinato.

Atossa, envenenada por su marido, empezó a cultivar la idea que Cambises había ejecutado a su hermano.

"¿Por qué dejaría que su hermano fuera solo a Persia?" Todas estas preguntas quedaron sin respuesta.

Era posible que Prexaspes hubiera asesinado a su hermano antes de llegar a Persia, recibiendo órdenes de Cambises.

Esas preguntas la atormentaban y Darío las apoyaba, no dándole paz. Al escuchar las insinuaciones, Atossa reaccionó:

- No debes hacer comentarios falsos. Prexaspes amaba a Esmérdis. ¡Siempre han estado juntos desde la infancia! ¡Oh! Darío, las atrocidades de Cambises ya no son suficientes, ¡¿ahora vienes a confundirme?! - Comenzó a llorar convulsivamente, porque pensaba que era imposible que Prexaspes llegara a tal punto.

Darío se dio cuenta que si seguía actuando así podría arruinarlo todo. Atossa debería ser su aliada contra Cambises, ya que sentía gran antipatía hacia su hermano.

- Cambises no puede ser tan malo, a estas alturas ¡no! - Exclamó poniendo fin.

- Lo siento, amada mía, no era mi intención molestarte, pero estoy tan sorprendido como tú - respondió fingiendo -. Udjahorresne y yo estábamos cerca de ellos y apenas los alcanzamos y no vimos nada en el desierto.

La abrazó y trató de calmarla.

Pasárgadas

En Pasárgadas el tema era siempre el mismo. Cambises y Prexaspes hablaron a solas.

- Prexaspes, como no has visto nada de Esmérdis, debes permanecer alerta, pues creo que todavía hay alguien detrás de la cortina. Es necesario que sigamos, ante los ojos de los demás, creyendo en su muerte - aconsejó Cambises.

- Está bien, Majestad, hasta que descubramos al verdadero sospechoso, continuaremos con nuestro plan - dijo Prexaspes, creyendo en la inocencia de Cambises.

Satisfecho con su lealtad hacia él y la corona, Cambises decidió, en la siguiente Luna llena, ir al bosque a adorar a Moloch, porque se perdió esa cantata. Vagamente, apareció en su mente la escena del templo de Amón y sus víctimas, que se había esforzado en olvidar desde que vio el Sol de Osiris.

En el culto a Moloch destaparían la muerte de su hermano.

- Las circunstancias no favorecieron la ceremonia en Egipto, pero aquí tenemos nuestro altar y allí iremos cuando haya Luna llena - dijo Cambises, refiriéndose al culto a Moloch que había sido suspendido.

Los persas sufrieron la influencia religiosa de Babilonia y no toleraron otros cultos.

Cambises estaba descontento con todo y con todos, afloró su instinto sanguinario. Rodeado de enemigos, se sentía cargado ante las más mínimas acciones.

Los roces con la oposición acabaron por desgastarle.

Odiaba a los nativos de Babilonia y Caldea.

Prexaspes se acercó a él, preocupado por los acontecimientos que se desarrollaban.

Los rumores se habían extendido por todas partes.

- ¿No tienes miedo, majestad, que los judíos se vuelvan contra ti otra vez? Hystaspes los ha atraído y observo que tu regreso ha provocado un descontento general.

- Lo sé, Prexaspes, y por eso necesitamos a Moloch, para que nadie pueda vencernos. Necesitamos soldados fuertes y guerreros. ¡Esta es la fuerza de Persia!

Esperaba que el culto los fortaleciera para la próxima guerra.

Estaba contento con la fidelidad de su consejero y decidió anticiparse y cumplir su deseo:

- Prexaspes, tendrás tu puesto de honor. Eres el médico a quien puedo confiar el puesto más alto en Persia. He mandado llamar a tu familia para que venga. Tú permanecerás en Susa mientras yo examino las fronteras de Egipto.

Satisfecho con el puesto, Prexaspes no supo qué decir. El rey era muy enigmático, parecía distante, pero así lucía antes de los malditos servicios.

Prexaspes estaba convencido que Tanaoxares se escondía en algún lugar muy seguro. Esmérdis había desaparecido sin dejar rastro, de hecho, al partir hacia Persia, el mago no quiso hablar, prefirió permanecer en meditación como era su costumbre.

Antes de llegar a Persia, él y los demás hombres que lo acompañaban desaparecieron misteriosamente.

Aristona sacerdotisa

Aristona no pudo aceptar la muerte de su amado hermano.

Había perdido peso, tenía los ojos hundidos y dos ojeras marcaban su sufrimiento. Tenía muchas ganas de volver a Egipto y ver a Artestes otra vez. Vio a Prexaspes y Cambises caminando entre las columnas del palacio y fue a su encuentro.

- Volvamos a Egipto, Cambises, Persia solo nos ha traído dolor - pidió entre lágrimas.

- Yo también añoro volver a Egipto, pero primero quiero descubrir alguna pista sobre la desaparición de Tanaoxares.

Aristona entonces le confesó:

- Oh, Cambises, debo confesarte lo que vi, si esto te puede ayudar.

- Me interesa todo lo relacionado con Tanaoxares - dijo Cambises.

- Vi a Esmérdis - dijo Aristona.

- Aristona, ¿has visto a Esmérdis? - preguntó el rey sorprendido, sabiendo de lo que ella era capaz...

Cambises pareció salir de ese estado depresivo para prestar atención a la declaración de su hermana.

- Sí, lo veo como si fuera un ser alado revoloteando sobre las cosas. Aparece inesperadamente y no puedo oírlo. Siento que quiere hablar contigo, Cambises. Y es por esto que quiero volver a Egipto porque ya no tengo paz. Veo una espada clavada en su garganta y su agonía me vuelve loca. Por favor, déjenme volver a Egipto, de donde no debería haber salido. Siento que necesito saber sobre Esmérdis y solo Ranofer puede ayudarme. Tiene poder sobre los muertos.

Los dos hombres se miraron. Aristona vio los espíritus, tal vez allí estaba la clave del misterio.

Decía la verdad y su rostro expresaba la angustia de su alma.

- ¡Estás loca, Aristona! Olvídate de Esmérdis – dijo su hermano -. Tengo miedo, Cambises, que no puedo dormir - explicó, sufriendo cambios físicos, pues su piel oscura se había vuelto pálida y su estado físico y emocional requería cuidados.

Aristona estaba débil, muy débil, al borde del desmayo.

- ¡Si Aristona ve el espíritu de Esmérdis es porque murió! - Exclamó Cambises, que esperaba encontrarlo.

- ¡Su Majestad, desapareció, pero le aseguro que no lo vi muerto! - Explicó Prexaspes, que sabía lo supersticioso e impresionable que era el rey.

- ¡Oh! Prexaspes, si atacaron a Esmérdis, también me atacarán a mí. Aristona, estás demasiado cansada por el viaje, ¡ve a descansar! - le ordenó.

A partir de ese momento, Cambises aumentó la guardia a su alrededor. Se sentía rodeado de enemigos, pero sus espías eran muchos.

Decidió que, después de adorar a Moloch, regresarían a Egipto con el ejército.

✳ ✳ ✳

Muchos pensamientos se arremolinaban en su cerebro, porque su intuición le decía que el posible asesino de Esmérdis estaba entre ellos.

Sospechaba de Darío, pero no tenía pruebas. Prexaspes había dicho que estaban muy por delante, tal vez no había tiempo para que lo alcanzaran.

Recordó el consejo de su padre. Sus palabras fueron claras sobre la división de su imperio entre ambos.

Se mantendría fiel al pedido de su padre. Tanaoxares, si viviera, gobernaría con él.

Fingió creer en la inocencia de Darío y comenzó a observar las actitudes de quien aspiraba al trono de Babilonia y Persia.

Razonó consigo mismo, mientras apoyaba la cabeza en una almohada y acariciaba a su perro pastor: "Si muriera ahora, ¿quién se haría cargo de mi reinado? Si no ese idiota."

Atossa estaba ciega, se había convertido en su aliada. Todo lo que quedó fue Aristona.

En ocasiones los comentarios sobre la muerte de su hermano se intensificaban. Alguien tenía interés en que se creyera que Bardya estaba muerta. Hystaspes y Darío fueron quienes más lo afirmaron.

¿Cómo podían estar tan seguros si nadie hubiera encontrado su cuerpo?

Eran tantas las dudas que ni siquiera Prexaspes estuvo exento de ser vigilado.

¿Y si Prexaspes estuviera mintiendo? - Pensó, desconfiando de su fiel escudero.

Cambises ya no tenía paz. No sabía en quién podía confiar en ese reino lleno de intrigas y traiciones.

Prexaspes tomó el lugar de Hystaspes, contrariamente a la aristocracia persa. Los magos que rodeaban la corte de Cambises se acercaron al nuevo gobernador y se pusieron a su disposición. Se alegraron más cuando supieron que Cambises llevaría a Hystaspes a Ecbátana.

Al colocar a Prexaspes en el gobierno, sabría evaluar la reacción de Hystaspes, que era viejo, pero mantenía su instinto guerrero. Cambises necesitaba su experiencia para organizar su ejército que sería entrenado en Ecbátana.

- Udjahorresne, serás el secretario principal de Prexaspes. Coloca vigilantes al lado de los ministros, ya que necesitamos saber todo lo que está sucediendo en todo Irán.

Las órdenes del rey eran sagradas. Hystaspes y Darío comenzaron a odiar a Prexaspes, quien se interponía en sus planes y, al unirse a esos magos, les hacía daño.

Atossa, envenenada por Darío, estaba segura que su hermano había sido asesinado por el propio Cambises y que Prexaspes había sido el perpetrador.

Para que Darío pudiera continuar con sus innobles proyectos, necesitaba sembrar dudas sobre Aristona, ya que, poco a poco, conseguiría seducir a Udjahorresne y debilitar a los consejeros de Cambises.

Por derecho, debería ocupar el lugar de su padre, pero solo lo ocuparía si descubría el paradero de su hermano

No dudó en formular un plan para corregir esa situación.

Al eliminar a Prexaspes, Cambises se debilitaría.

Darío comenzó a impulsar un plan que requeriría mucha diplomacia para lograr el éxito.

Aristona estaba tejiendo una almohada cuando notó que alguien se acercaba y vio a Darío a su lado, respirando un poco con dificultad.

- Darío, has estado extraño desde que llegaste aquí, ¿o soy solo yo? ¿Qué sucede contigo? - Preguntó, a pesar de su natural antipatía, al ver que su apariencia no era buena.

- Nada, Aristona, solo me preocupa la muerte de Esmérdis y la desaparición de su cuerpo.

Aristona, al ver el espíritu de Esmérdis, pudo tal vez descubrir al autor de su muerte o saber el lugar donde se había escondido y, para sondear a su cuñada, invirtió:

- Encontraron a un hombre ahogado con una lanza clavada en la garganta. El cadáver estaba irreconocible. Todo nos lleva a creer que se trata del propio Esmérdis, pero nadie puede afirmarlo con seguridad.

El cuerpo al que se refirió fue encontrado en descomposición, lo que indica que la fecha de su muerte habría sido anterior a la de Esmérdis.

- Lo sabía, Darío, pero Cambises duda que pueda ser Esmérdis. Él ya no quiere que se hable de este hecho en el reino.

- Todo nos lleva a creer que Bardya interfirió en sus cultos, y tal vez fue sacrificada por los interesados - dijo Darío, sutilmente, queriendo ponerlo en duda.

- He oído que hoy llevarán nuevas víctimas a Moloch. Cambises insiste en ir en contra del espíritu de su padre. La única persona capaz de convencerlo eres tú, Aristona. Cambises no escucha a nadie más.

Darío quería ganarse su confianza, pero Aristona no parecía escucharlo. Ella se negó a tener intimidad con él. Lo trató con cierta frialdad y no encontró manera de envenenar su corazón.

Ninguno de ellos era ajeno a lo que sucedía en aquellos terribles cultos en el bosque, pero nadie se atrevía a comentar.

Atossa los vio hablando y se acercó a ella con celos, pensando que Darío la engañaba. Los dos trataron ese tema como si se estuvieran confiando, ya que cualquier tema sobre cultos estaba prohibido.

- Mira, a quien vea. ¡Llevo más de una hora buscándote, Darío...! - Exclamó Atossa, nerviosa, y mirando al otro.

Aristona ni siquiera prestó atención a los celos de su hermana y se fue sin prestarles atención, ocupada con su trabajo.

Moloch

En esa noche de Luna, en medio del bosque, se llevaría a cabo otro terrible culto.

En un claro abrieron una enorme sala al aire libre, lejos de cualquier mirada.

Hystaspes y sus aliados, que detestaban a Cambises, habían descubierto el lugar del infame culto. Decidieron que, esa noche, pondrían fin a esa farsa y limpiarían a Persia de su influencia nociva.

Mientras Cambises y Prexaspes organizaban la ceremonia, Darío y su padre seguían, paso a paso, el ir y venir de los esclavos que llevaban al bosque: comida, ropa, muebles y demás enseres que utilizarían durante la ceremonia.

Se preocuparon más cuando vieron que algunos magos influyentes también se unieron a la ceremonia.

Todo preparado.

Por la tarde, mientras el rojo crepúsculo en el horizonte desaparecía, dando paso al manto estrellado de la noche, silenciosamente, llegó al lugar una litera llevada por cuatro hombres fuertes. Era Cambises.

No había alegría en esos rostros, sus miradas opacas reflejaban su estado anímico.

El desastroso ritual comenzaría con la llegada del soberano.

Los soldados formaron un semicírculo para que pasara el rey y luego cerraron este círculo con sus lanzas.

En el centro, el altar de piedra, a cinco metros de altura y en lo alto del mismo, el trono de piedra.

Las antorchas encendidas se agitaban con las ráfagas de viento y daban al espectáculo un aspecto lúgubre.

En la extraña ceremonia, uno de ellos vestido como Moloch, fue quien condujo al rey hasta el trono donde se encontraba la monumental estatua.

Una bella esclava, completamente desnuda, levantaba en el aire una taza llena de líquido. Hizo algunos gestos y luego se lo pasó a Cambises quien, con una sonrisa siniestra y ojos brillantes, se bebió todo el líquido de una vez.

Su tez se había vuelto más pálida a la luz de la luna. No se movió, solo sus ojos, como dos llamaradas, atestiguaron que, incluso en ese cuerpo, vivía un espíritu.

Luego varios jóvenes, casi niños, desfilaron ante el rey.

Desfilaron uno a uno y todos fueron obligados a beber ese líquido verde. Otro esclavo llevaba un ánfora de oro y Cambises ingirió el haoma, hecho especialmente para él.

Momentos después comenzó la orgía.

Se convirtió en la personificación misma del mal, parecía encarnar al dios Moloch.

Dentro del horrible dios de piedra, crepitaba un fuego interno que le daba la apariencia de vida.

Algunos esclavos no soportaron la bebida fuerte y se desmayaron. Otros incorporaron espíritus y corrieron frente al fuego, volviéndose locos.

Entre los jóvenes esclavos alineados se elegía a la más bella, quien permanecería hasta el final de la ceremonia.

Algunas jóvenes se desmayaron, incluso antes de la mitad de la ceremonia.

Los bailarines bailaron al son de los tambores. Se retorcieron como serpientes y rodaron por el suelo hasta desmayarse.

Entre las mujeres, una fue elegida para ser sacrificada. La joven elegida y destinada a Moloch iba ataviada como una reina, con los pechos descubiertos y el vientre cubierto únicamente por un velo.

Fue la culminación de la ceremonia.

El representante de Moloch ocultó su rostro bajo una máscara de odio y el siniestro ser levantó una daga, cuya hoja afilada brillaba. Ensayó un baile macabro para darle más foco a su gesto. Luego sacó el corazón del joven de su pecho desnudo, mientras la sangre era vertida en una copa aun caliente y entregada al rey.

Es imposible describir lo que sucedía en esta ceremonia, que alcanzaba su punto máximo cuando el soberano saciaba su sed de venganza bebiendo la sangre de su ofrenda.

Se escuchó un grito de guerra al son de tambores. Levantando la copa, Cambises pronunció las palabras:

- ¡Salve, Moloch, dios infernal!
- ¡Que mueran todos los enemigos del rey!

El olor a carne quemada y los gritos infernales difundieron un ruido estridente entre los soldados y esclavos.

Hubo un gran revuelo y muchos de esos jóvenes no pudieron regresar con vida a sus hogares.

Cambises creía que la sangre era capaz de aumentar sus poderes, alargar su vida y mantener su juventud. Después, todos donaban y bebían la sangre de otras víctimas llevadas posteriormente al sacrificio.

El dios Moloch descendió y habló con Cambises.

La naturaleza parecía llorar, porque el propio viento quería apagar el fuego, que aun crepitaba en llamas de sangre.

Una ráfaga de viento apagó las piras, solo la Luna brillaba lúgubre y triste sobre aquel montón de víctimas de la ignorancia y la necedad.

Hystaspes y Darío sintieron que no podían hacer nada, por ahora, contra el rey, cuyo ejército era fuerte en comparación con sus aliados.

Tendrían que esperar su regreso a Egipto y actuar en su ausencia.

En Egipto

Después de un mes, Cambises regresó a Egipto.

La posible muerte de su hermano había cambiado el curso de los acontecimientos. También se necesitaba a Prexaspes en Susa y lo mantendría informado.

Por primera vez, el rey se sintió decepcionado al darse cuenta que Moloch, en quien tanto había confiado, no había satisfecho su curiosidad, ya que la muerte de Esmérdis seguía siendo un misterio.

Quizás Aristona tuviera razón. En la fascinante tierra de los faraones encontraría la respuesta, pensó.

En Egipto pudo relajarse un poco y dedicarse al arte que tanto amaba. Tenía numerosos aliados.

Animado por Aristona, Cambises comenzó a trabajar en nuevas estatuas, a través de Artestes-Dahr.

Los amantes lograron mantener su relación en completo anonimato.

Pasaron los meses y Aristona notó su vientre redondeado.

Estaba embarazada.

Aristona ocultó su embarazo todo el tiempo que pudo.

Todo el mundo debería pensar que ese hijo pertenecía a Cambises.

Para preservar la vida de su amada y reducir su sufrimiento, Artestes continuó en palacio, trabajando para su soberano con esmero y cariño. Para su deleite, creó nuevos adornos para componer su vestimenta. Su nuevo desafío era una estatua del rey.

También se contrató a un grupo de artesanos para la nueva tarea.

Artestes-Dahr, mientras trabajaba en palacio, se sentía protegido por su propio arte, conocía todas las intrigas palaciegas y los detalles de las campañas de Cambises.

El artista se ganó la plena confianza del rey.

Un día, Artestes escuchó un comentario de los esclavos que limpiaban las habitaciones y su corazón se llenó de dolor.

- La princesa está esperando un hijo del rey - comentó Nefer a otro esclavo.

- Nos esperan malos augurios. Un hermano no puede dejar embarazada a su hermana, ya que es un sacrilegio cometido contra el mismo Dios - respondió una mujer judía.

- De Cambises se puede esperar todo, Mirtes, pero Bardia, ayer, se apareció nuevamente a Aristona y ella está postrada, porque cree ver el espíritu de su hermano. Esto sucede por las bebidas que el rey la obliga a beber. Vi con mis propios ojos que la obligó a beber ese líquido nuevamente.

El rey había traído una planta de Persia, que un esclavo cultivaba con mucho cuidado en uno de los jardines. Los celos que tenía de la planta hicieron creer a los esclavos que de allí extraía la bebida que debilitaba a Aristona.

Cambises colocó guardias para que nadie pudiera acercarse a la planta.

Las dos criadas conversaron sin que Artestes se diera cuenta, quien escuchó y registró todo, confirmando sus sospechas.

"Obliga a Aristona a compartir ese éxtasis con él" - pensó el artesano, penalizado, porque Aristona, para protegerlo, le ocultó lo que sucedía en el dormitorio de Cambises.

Artestes temía por la vida de su amada y de su hijo si seguía bebiendo esa bebida tóxica.

La buscó en secreto e insistió en la veracidad de esos rumores.

Aristona, mirándolo y cansada de sufrir, no negó lo que estaba pasando.

Entonces Artestes le propuso huir.

- Amada mía, planeemos nuestra fuga, porque nuestro hijo no resistirá esta bebida que Cambises te obliga a beber.

Dijo examinando su vientre y la extrema palidez que presentaba la joven. Dos enormes círculos oscuros bajo sus ojos revelaban su grave estado de salud.

- Cambises me obliga a beber para poder contarle los secretos que nos envuelven, quiere que le diga dónde está Esmérdis. Me obliga, mediante el ritual, a traicionar a sus enemigos... No puedo soportarlo más. Tengo desmayos prolongados y trato de resistir - lamentó su desgracia y apoyó su hermosa cabeza sobre el hombro de su amado, buscando refugio.

Artestes la abrazó cariñosamente y le dijo:

- Mi amor, te liberaré. Vamos a huir. Tengo amigos que nos ayudarán.

- Creo que es imposible salir de aquí - respondió la joven, desanimada.

- La noche siguiente, después del ritual, cuando Cambises esté durmiendo, escaparemos en un carro. Disfrazados de campesinos, saldremos de este lugar llenos de malos augurios - dijo, lleno de planes.

- ¡Cómo me gustaría que tuviéramos a nuestro hijo lejos de aquí! Cualquier cueva sería mejor que este desafortunado lujo. ¡Oh! Amados míos, Dios quiera que tengas razón. Este mismo Dios que anuncia un Salvador al mundo, que el buen Dios nos saque de este cautiverio, ya no soporto tantas locuras. Necesito respirar el aire puro del amanecer. Estaré contigo, amado mío. Nuestro hijo nacerá lejos de todo mal - dijo Aristona, soñando con la posibilidad de verse libre de esa carga.

Los amantes se besaron apasionadamente y se despidieron antes que nadie los viera.

Un vago rayo de felicidad

Cambises todavía "no se había dado cuenta del estado de su hermana."

A los pocos meses, Aristona ya no pudo ocultar su embarazo.

Un día, el rey había sufrido una grave crisis.

Después de la crisis, se volvió muy alerta, sus ojos parecían ver más allá de lo material. Toda su cabeza parecía tener ojos.

Vio pasar a Aristona y la llamó:

- Aristona, florcita, ven.

No había forma de escapar. No podía soportar sus crueldades. Sus sentimientos, mezclados con amor y odio, formaban una mezcla que ni siquiera ella misma podía entender.

- ¡Hermano mío, no provoques más la ira de los dioses! - Se quejó Aristona, porque Cambises había ordenado recientemente torturar a algunos egipcios, que murieron a consecuencia de los malos tratos.

- ¿Por qué me cuentas esto, Aristona, qué sabes?

- No sé nada. Solo deseo que no provoques más a los egipcios y que les devuelvas su libertad. Estas personas están predestinadas a una misión en el mundo.

- Aristona, ¿por qué no aclaras tus palabras? ¡No provoques mi ira, dime lo que sabes sobre esta gente maldita, o te obligaré a contarme todo lo que me escondes! - La amenazó, nervioso.

- Está bien, Cambises, te lo digo como último aviso, porque nuestro padre se me apareció en sueños y me pidió que te avisara. Estas personas que maltratas tienen una noble misión, traer al

Salvador a la Tierra. Una misión que tarde o temprano será cumplida y el mundo entero conocerá su Poder y su Soberanía -dijo Aristona, imbuida de las ideas religiosas de Artestes-Dahr.

-Nadie podría tener más poder que yo, tonta Aristona. ¿No ves que todos tiemblan a mis pies? ¡Yo también soy un Dios! - Dijo alzando sus ojos altivos y alzando su barbilla, que su barba rizada acentuaba.

- No lo sabes, Cambises, pero el dios del que hablan es inmortal. ¡No está hecho de carne que se pudre! ¡Tampoco está hecho de piedra fría y sin vida! ¡El Dios de los egipcios es el espíritu que nunca muere! Fue este Dios a quien nuestro padre nos enseñó a amar y reverenciar. ¿Por qué no sigues el consejo de Ciro?

- ¡Ciro ya está muerto, tuvo su momento de gloria! - Respondió.

¿Podría el Dios al que se refería Aristona ser el Sol de Osiris?

Cuando recordó ese día, su rostro se oscureció.

La hermana preguntó con amargura en la voz:

- ¿Qué sabes sobre el Sol de Osiris?

A pesar de todo, Cambises prestaba atención a lo que le decía su hermana, sobre todo cuando estaba sobrio, lo cual era una rareza.

- No sé nada, Cambises, solo el sumo sacerdote es capaz de mantener contacto con él.

La verdad es que eso de estar protegido Ranofer. La prueba era que no había tenido el valor de atacarlo.

Ese día se sintió dispuesto a hablar y Aristona aprovechó.

Aristona, con la mente centrada en su posible fuga, quería protegerlo de mayores sufrimientos. Pronto estaría lejos y ¿quién cuidaría de Cambises?

Una mezcla de amor y lástima se apoderó de ella, quería hablar con él por última vez, aunque él no la escuchaba.

Era su oportunidad de intentar cambiar su destino de déspota.

- Sí, Cambises, Ciro murió, pero su memoria vive en la memoria de todos los que lo amaron y así debe partir un soberano, siendo recordado por sus hazañas - dijo Aristona con nostalgia, recordando la magnanimidad de su padre.

- ¿Acaso me juzgas, hermana mía? - La amenazó, severamente.

- No, Cambises, quizás en el reino nadie te ama más que yo, por eso me atrevo a contarte todo lo que pueda serte útil. Perdóname por mi atrevimiento - respondió humildemente, pues creía que esa sería la última vez que lo vería.

Su voz no le dejó ninguna duda, Aristona ciertamente lo amaba. Temía por su destino. Un rayo de felicidad invadió su alma y sus ojos brillaron diferente.

El rey, al notar la ternura de aquellos ojos negros que lo miraban fijamente, se desarmó.

"Ella ciertamente me ama" - pensó felizmente, sintiendo un destello de amor calentar su vida.

Había pasado un tiempo desde que los dos hablaron con calma. Atossa se había casado y estaba lejos. Esmérdis había desaparecido. Quedaron ellos, eran los únicos con todo ese imperio colosal.

Recordaron los juegos de la infancia, las lágrimas que él le había hecho derramar. Recordaba felizmente a sus padres, cuando podían contar con el cariño y protección maternal de Ciro.

Fue el presagio, el inicio de una gran despedida entre ellos.

Aristona, cuando pensó que ya no lo vería más, su corazón tembló, pero Artestes-Dahr y su cariño hablaron más alto.

Cambises la había hecho esclava a merced de sus caprichos. Ella era lo único que le quedaba.

La observó más de cerca, como si la viera por primera vez.

- ¿Estás embarazada?

- Sí - respondió ella, sonrojada, porque su barriga empezaba a aparecer.

- ¿Llevas en este vientre a un hijo del rey? - Preguntó con ternura en su voz, admirado.

Aristona bajó los ojos para no mirarlo.

-¡Oh! ¡Honrada Aristona, un heredero, un aqueménida! - Dijo con orgullo, creyéndose el padre.

Luego se levantó por impulso.

- ¡Maldita seas! ¡Dioses infernales! Bueno, ¡mintieron cuando me dijeron que no tendría herederos!

Sus ojos brillaron más, como dos antorchas de fuego, al recordar antiguas revelaciones.

Aristona se estremeció. Nunca podría saber la verdad.

Cambises había nacido con un signo, el estigma del hombre estéril, marcado por los dioses.

Por primera vez vio brillar de felicidad los ojos de Cambises.

- Esta noche, cuando las estrellas titilen, las estrellas revelarán el destino de mi heredero. Irás conmigo a la terraza;: florcita, desbloquearemos los secretos de la vida y del destino. ¡Prepárate, Aristona, porque serás mi reina!

La pobre mujer se estremeció y, ante esa mirada de la que parecían salir chispas, guardó silencio.

No podía hacer nada para ayudar a su pobre hermano, cuyo poder y riqueza se le habían subido a la cabeza. Cuando se sintió amado quiso poner el mundo a sus pies.

¿Quién podría entender a Cambises?

Era un enigma.

Una sorpresa

Cambises, después del diálogo con su hermana la hizo sentir menos infeliz y pareció suavizar sus actitudes.

El rey quiso incansablemente ampliar sus conquistas y envió varios espías a Etiopía para estudiar la vida de aquellas personas y mantenerse informado. Mientras eso, su ejército fabricó nuevas armas y nuevos buques.

Aristona aprovechó la ausencia de Cambises y, ayudada por Nefer, fue al templo para pedir consejo a Ranofer.

Fue recibida con gran alegría.

Aristona se confesó a Ranofer y le pidió ayuda espiritual.

El apuesto sacerdote la miró con compasión, mientras escuchaba sus deseos.

- Ranofer, me siento deprimida por la muerte de Esmérdis. Sueño con él casi todas las noches. Hasta el día de hoy no puedo creer en su muerte.

Ranofer escuchó sonriendo y amablemente.

- Cambises no se conforma. ¿Quieres una explicación? Mi hermano piensa que al obligarme a beber la bebida de los dioses – haoma -, puedo decirle lo que quiere saber.

Conociendo los efectos nocivos que la planta tenía en la mente, Ranofer se puso serio.

-¡Oh! ¡Pobre niña! No tienes a nadie que te defienda.

Las lágrimas de Aristona lo conmovieron profundamente. Nefer, su doncella, estaba a la entrada del templo, esperándola.

Aristona siguió a Ranofer, pasaron entre bastidores hasta una habitación, donde podían hablar más libremente.

Cuando se encontraron a solas, el sacerdote la abrazó con todo el amor que le dedicaba. Amaba a la joven, pero nunca había tenido la oportunidad de declararse. Al verla allí, tan frágil, no pudo evitarlo. Pero decidió esperar un poco, ya que Aristona, rompiendo a llorar, estaba muy necesitada.

- No llores, Aristona, yo te libraré de este calvario. ¿Prométeme que no comentarás lo que te voy a revelar? – Pidió el sacerdote con ansiedad.

- ¿Cómo me ayudarías? - Le preguntó asombrada -. ¡Cambises asesinó a tus compañeros...! ¡Deberías odiarnos a todos!

- ¡Si él sabe que me vas a ayudar, pondrás en riesgo tu vida, amigo!

El sacerdote la miró con complacencia, ya que era muy inexperta. Él la miró durante mucho tiempo. Aristona, al mirarlo a los ojos, pensó que se había dado cuenta de su embarazo.

Ingenuamente, puso su mano derecha sobre su vientre y le dijo:

-Ranofer, estoy embarazada.

Debido a su excesiva delgadez, Ranofer no había notado nada y la miró sorprendido.

- ¡Dios mío! ¿Estás esperando un hijo de Cambises? - Preguntó el sacerdote con cierta tristeza en la voz.

- No, Ranofer, Cambises cree que el hijo es suyo. Le dejo seguir pensando así, porque si no matará a la madre y al padre del niño.

- Lo sé - Su mirada preguntó por el padre y Aristona, que confiaba plenamente en él, le contó todo sobre Artestes-Dahr.

Por un momento, Ranofer casi se traiciona a sí mismo, revelándole su amor, pero se contuvo. Sintió una mezcla de celos y lástima, mezclada con el deseo de protegerla, y decidió revelarle su secreto.

- Y una razón más para que sepas lo que te voy a revelar - dijo misteriosamente Ranofer -. Sígueme.

Estaba intrigada.

Luego siguió a Ranofer por un largo pasillo, que se estrechaba hasta convertirse en una pequeña puerta disfrazada de pared. En esta pared había un secreto que solo Ranofer conocía. Tocó uno de los ladrillos y, de inmediato, se abrió una puerta. Nadie descubriría jamás que, más allá de ese muro, había otros departamentos dentro de ese misterioso templo.

Había algunos secretos que los sacerdotes tenían para confundir a los recién llegados.

También pasaron por varias habitaciones más y la sorprendió un nuevo secreto que Ranofer dominaba por completo. Solo él supo navegar hasta allí sin perderse, abriendo y cerrando aquellas puertas que tantos misterios guardaban.

Intrigada, pero confiada, ella lo siguió.

Ranofer le inspiraba tanta confianza que no temía nada en su compañía.

Finalmente, entraron a una habitación y vieron a un hombre de espaldas.

Al sentirlos, se dio la vuelta.

Aristona casi pierde el conocimiento cuando reconoció a su querido hermano.

- ¡Esmérdis!

- ¡Aristona!

Corrieron el uno hacia el otro y se fusionaron en un largo abrazo.

- Esmérdis, ¡qué felicidad! ¡Estas vivo! - Exclamó sintiéndolo como si hubiera encontrado un tesoro -. ¿Cómo terminaste aquí? preguntó ella, besándolo.

- Siéntate, Aristona, que es una larga historia.

Esmérdis Tanaoxares le contó todo.

Fue entonces cuando Aristona se enteró del ataque de Darío a su hermano. Esmérdis había logrado escapar de los asesinos y regresar a Egipto. Ranofer le había dado refugio.

Además de ellos dos, solo ella sabía que él estaba vivo.

Ese espacio, donde se había escondido Esmérdis, era la tumba de Ranofer, que él mismo había preparado. Nadie podía descubrirlo allí, donde solo tenía acceso el sumo sacerdote.

Esmérdis aprovechó la tranquilidad de aquel escondite para recibir sabia orientación de Ranofer. Fue allí donde desarrolló sus facultades mediúmnicas y se convirtió en un gran iniciado de las ciencias ocultas del Templo de Amón. El entorno le permitió estudiar la filosofía pitagórica, la astronomía, la momificación y todas las ciencias ocultas dadas a los iniciados. La habitación, llena de pergaminos, atestiguaba el esfuerzo de su hermano, que no perdió tiempo en educarse.

Su vida, totalmente recluida, lo había vuelto diáfano. Esos meses de profunda meditación y estudios lo convirtieron en un verdadero mago.

Los muros físicos que rodean a Bardya nunca han sido tan transparentes. Su mente superó todas las barreras. Ranofer era su único puente con el mundo.

Aristona estaba más que feliz cuando descubrió que su hermano estaba vivo.

Consciente del secreto, consideró:

- Esmérdis, Darío intentó incriminar a Cambises por su muerte, pero no lo hizo, no hay pruebas. Nuestro hermano siempre desconfió de él, ahora veo que Cambises, a pesar de su locura, tiene razón - Aristona hizo una pequeña pausa y le dio toda la información sobre la vida del rey.

- Háblame de Atossa, Aristona - preguntó el hermano.

- Atossa no escucha a nadie, excepto a Darío. Pero, ¿por qué sigues escondiéndote, querida Esmérdis?

Tanaoxares guardó silencio.

- ¡Cambises necesita saberlo todo, urgentemente! - Exclamó Aristona, ansiosa -. Se siente muy solo. Todo el mundo parece conspirar contra él.

- No. No por ahora, Aristona. Actuaré en el momento adecuado - explicó Bardya.

- En tu lugar fue puesto Prexaspes, Esmérdis, lo que molestó a todos los persas. ¿No sería mejor si asumieras tu puesto? - Dijo Aristona, sin entender por qué Tanaoxares se escondía hasta ese momento.

- Sí, lo sabía. Pero Hystaspes se convirtió en el favorito de los babilonios, que detestaban a Cambises. Si actuamos apresuradamente, habrá una rebelión. ¿Lo entiendes? Además, Darío y Udjahorresne se unieron para derrocar a Cambises, según reveló él a Aristona, rogándole que permaneciera en silencio.

- Es cierto - asintió Aristona -. Yo siempre sospeché de Darío. Pero Cambises debe saber que estás vivo, Esmérdis. Debemos contarle todo para protegerse - razonó Aristona.

Ranofer dejó hablar libremente a sus hermanos y pacientemente se quedó allí organizando unas tablillas.

- No. Nuestro hermano y sus actitudes se han ganado enemigos acérrimos. Creo que ni siquiera si contamos con los dedos de las manos a tus verdaderos amigos, los encontraremos - respondió Esmérdis para convencerla que guardara silencio -. Sospecho que además de Darío y Udjahorresne, hay otros involucrados.

Esmérdis conocía a los feroces enemigos que conspiraban contra Cambises: la aristocracia persa y los temores que, avivados por Hystaspes, querían apartarlo del poder.

Empezaron a hablar de otros temas y Aristona le habló de su vida personal.

Esmérdis, al enterarse que Artestes-Dahr era el padre de su hijo, dijo:

- Me parecía un buen hombre, Aristona.

- Recuerdo haberlo visto en palacio.

Necesitaba a alguien que protegiera a su hermana.

Cuando Aristona le contó sus planes, Esmérdis le aconsejó:

- Aristona, no te apresures, tu fuga podría tener consecuencias muy graves. Eres l única que podría calmar la furia de Cambises, ¡piensa en los pobres! – Dijo sintiendo una inmensa lástima por tu hermana -. Sé que sería mucho pedirte, querida, pero no es fácil huir de Cambises. ¿Alguna vez has imaginado si tú también lo dejaras?

Las palabras de Esmérdis quedaron en su corazón, pero lo que él le pidió fue que renunciara a su felicidad.

- No, Esmérdis, nadie evalúa lo que paso con Cambises - dos lágrimas brillaron en sus hermosos ojos negros -. Quiero a mi hijo lejos de sus locuras. Mil veces vivir en el anonimato, hermano mío - respondió, sin fuerzas para continuar.

- Nadie escapa a la furia de Cambises, Aristona, si te atrapan, se acabó. Tiene espías por todas partes. Estás en peligro, mi pequeña flor.

Esmérdis tenía planes, pero aun era prematuro actuar. Desafortunadamente, en ese momento, no pudo hacer nada por su familia, más que protegerlos con sus oraciones y esperar que fueran respondidas.

Aristona, al regresar del templo, estaba convencida que ella y Artestes debían posponer su fuga.

Ella era la única persona con la que Cambises podía contar.

Esmérdis, su querido hermano, vivió, no todo estaba perdido. Esa noticia la dejó más tranquila y la certeza que no estaba sola la animó.

La Mansión de los Muertos

Mientras tanto, Cambises sufría el acoso de sus víctimas, que lo mantenían despierto por las noches. En los pocos momentos que durmió, su sueño fue inquieto y lleno de terribles pesadillas. Últimamente se habían intensificado y temía que esos espíritus que lo atormentaban se desvanecieran en el sueño.

Durante las pesadillas, veía a Aristona muerta, con el cuerpo frágil, ensangrentado. Se dio cuenta que sus conspiradores le ocultaban el rostro. A estas premoniciones se sumaron las entidades espirituales que vinieron a quitarle la paz.

Por todas partes veía perseguidores, no confiaba en nadie.

Una ligera sospecha era suficiente y sacrificaría a cualquiera, salvajemente.

En las noches en que su desesperación alcanzaba su punto máximo, llamaba a los músicos y bailarines y se quedaba con ellos hasta el amanecer, en grandes orgías. No faltaron comentarios que el rey era indiferente al pueblo y vivía en medio del libertinaje.

Los ataques epilépticos volvieron con frecuencia.

Recordó que Ranofer conocía remedios para esa dolencia.

Un día, vencido por la desesperación, buscó al sumo sacerdote.

Cuando lo vio entrar al templo se asustó, pero se controló.

"¿Aristona le reveló lo de Esmérdis?", pensó angustiado.

Por su apariencia, de un vistazo, Ranofer lo adivinó todo. Afortunadamente, las hospitalizaciones de Cambises fueron diferentes, pues resultó que desconocía que Esmérdis estaba escondido en el templo.

Lo escuchó con profundo cariño. El rey llegó en paz, vencido por el cansancio de su mente.

Cambises debía estar en muy mal estado para buscarlo.

Cuando se enteró de sus problemas, se calmó. El rey solo vino a buscar un poco de consuelo.

El sacerdote le dio paz y seguridad. No entendía por qué, aquel hombre en pleno esplendor, vivía allí, solitario. Ranofer le parecía tan pacífico, mientras que él, rodeado de todo poder, no podía conseguir ni un poco de paz.

¿Qué magnetismo le atrae? ¿Por qué no lo mató de una vez por todas?

¿Qué Dios era el que guardabas en tu corazón con tanto amor?

Recordó aquel día en que conoció el Sol de Osiris.

No, nunca volvería al Sol de Osiris. ¡Nunca!

Luchó consigo mismo, ante ese sacerdote que lo escuchaba con atención y silencio, pero parecía escuchar su alma y descubrir sus sentimientos.

Su mirada serena pareció consolarlo de sus desgracias. El silencio de Ranofer lo desconcertó mucho. Sus ojos profundos se adentraron en las profundidades de su alma. Sin embargo, solo respondió a lo necesario.

Un repentino deseo de arrodillarse a sus pies y pedirle perdón por lo que había hecho lo invadió por un momento. Pero el rey no quiso traicionar sus sentimientos.

Mientras toda esta gama de pensamientos dominaba el cerebro de Cambises, Ranofer manipuló un medicamento, que colocó en un frasco limpio y seco, lo selló y luego se lo entregó.

- Toma, hijo mío, te sentirás mejor.

Cambises tomó el frasco de medicina y se fue, casi huyendo.

No podía odiarlo.

Ranofer lo vio alejarse y volvió a sus tareas, lamentándose de aquel pobre hombre, que dirigía el destino de su pueblo.

La Fiesta

Sombrío y angustiado, Cambises regresó al palacio, decidido a burlar al sacerdote. Intentó distraerse. Recordó su estatua y llamó al artesano:

- ¡Quiero ver mi estatua!

Artestes lo llevó inmediatamente a la sala de los escultores.

Cambises quedó sorprendido y asombrado al ver su estatua casi lista.

La colosal estatua medía unos tres metros y se parecía mucho a él. En vano, Cambises examinó la obra y, satisfecho con el artista, lo eligió su consejero.

Surgieron nuevas obras que requirieron la ayuda de otros artistas para Artestes.

En el bullicio de nuevos artesanos, Aristona y su amante apenas se veían para no levantar sospechas.

Una treintena de personas trabajaron incansablemente en el palacio.

Algunas esculturas debían estar listas inmediatamente para decorar la embarcación del rey.

En la proa del barco, Cambises exigió su propia esfinge de dos alas.

Cuando terminan la obra, el monarca quiso festejar la creación de hermosas obras maestras de arte con sus autores y se realizó una fiesta para exhibir todas las obras en el patio, desde donde serían transportadas a los muelles.

La exposición de obras fue muy diversa. Además de las esculturas, había todo tipo de objetos que debían decorar la cabaña real. Cambises sonrió satisfecho al ver tazas, ollas, jarrones y otros utensilios de oro, otros de plata y otros de cobre, ricamente detallados para su disfrute y uso.

Otra serie de objetos artísticos serían tomados como ofrendas para conquistar a etíopes y cartagineses.

La fiesta culminó en una gran orgía.

Aristona y Artestes permanecieron discretamente, lejos el uno del otro, como si fueran dos desconocidos. Sus ojos; sin embargo, traicionaban constantemente el amor que sentían y no podían engañar a un observador sagaz.

Aristona lució hermosa, su embarazo le dio un look especial. Él, a su vez, tenía muchas ganas de estar junto a ella, intercambiando algunas frases.

Afortunadamente, todos estaban demasiado borrachos para ver a los dos enamorados.

La fiesta solo sirvió para que Artestes vigilara, *in situ*, el comportamiento del rey en aquellas orgías y comprendiera cuánto sufría Aristona.

El chico casi se traiciona a sí mismo cuando presenció una escena deprimente: Cambises obligó a su hermana a beber con él. Él le giró la cara y, abrazándola por detrás, la sujetó y luego le hizo beber su bebida favorita. No contento, la besó repetidas veces, sin el más mínimo respeto hacia los invitados y su embarazo.

Así la trataba cuando estaba borracho. Perdía el control sobre sí mismo y sometió a todas las mujeres al gusto de sus deseos y pasiones.

Artestes, celoso, dio un paso adelante, pero fue frenado por un fuerte brazo que lo tiró hacia atrás. Era Meness, un artesano que había sido contratado por él mismo y se había convertido en su amigo íntimo. Llevaba tiempo observando las actitudes de Artestes y ya había adivinado aquel amor clandestino.

- ¡Dime, estás loco! - Preguntó el artista recién contratado.

Artestes lo miró nervioso. Se encontró con su mirada severa. Solo entonces se dio cuenta del gesto sin sentido que estaba a punto de hacer.

- Gracias, Meness, perdí el control.

- Lo sé - respondió el amigo, compasivo.

Volvió en sí, intentó recuperarse rápidamente y se alejó, sin demora, antes que sus celos lo traicionaran y pusieran en riesgo sus vidas.

Un gran amor

Artestes-Dahr, al salir, lanzó una mirada de desprecio a aquel final infeliz.

Todos estaban dominados por el rey. Al darse cuenta del grado de locura del joven soberano, se acordó del pueblo que dependía de él y una gran amargura invadió su alma.

Artestes se retiró a un rincón para calmarse. Como todo egipcio nacido, era religioso y, allí mismo, se entregó a su fe y oró.

Artestes había formado parte de los círculos iniciáticos. Pertenecía a una familia noble egipcia, sus padres querían que fuera sacerdote, pero su temperamento romántico le llevó a optar por las artes.

En los círculos de iniciación a los que había asistido, había aprendido acerca de las preciosas enseñanzas que anunciaban la venida de un Mesías. Por dentro, imaginó cómo sería ese hombre. Sintió una gran admiración por aquella imagen que lo llevó, una vez, a soñar con el Señor. El sueño fue tan maravilloso que estuvo en estado de gracia durante muchos días.

A partir de este sueño, esa imagen nunca abandonó su mente.

Era al Señor a quien buscaba, en ese momento lleno de tristeza, cuando sus voces eran impotentes.

A veces lo llamaba en el silencio de la noche y, en sus necesidades más apremiantes, siempre se sentía fortalecido al pensar en él.

Solo alguien con tanto amor podría calmar la furia del odio.

Odio sangriento que tenía raíces en el mal mismo.

Sin ayuda espiritual, una fuente mayor, no podría hacer nada para cambiar su destino.

El artista se refugió en un rincón, se sentó detrás de unos arbustos, bajo la luz de la luna. Miró al cielo y vio las estrellas titilantes. Luego cerró los ojos y conectó con aquel ser, suplicando su ayuda para llevar esa carga que se había vuelto demasiado pesada para él.

Oró con toda la sinceridad de su corazón. Alabó al Dios magnánimo al que adoraba.

- "Oh, Dios de las Alturas, tú que brillas más que el Sol, tú que cuidas las plantas y los animales, y alimentas el alma inteligente del hombre y haces que los ríos fluyan en una misma dirección. Tú, que conoces el principio y el fin de todas las cosas, escucha mi cántico, escucha, Oh, Dios de lo alto, mi llanto y consuela mi lamento, y líbrame del mal de los que no conocen tu poder. Llegará el día en que todo odio se desvanecerá con la luz de tu amor. Consuela mi corazón, seca mis lágrimas e infunde fe en mi alma, nada temeré, contigo a mi lado. El Dios de las Alturas, Dios de mi alma. Consuela mi corazón y dame ánimo, concédeme sabiduría para gobernar mi destino. Protege a mi amada de las garras del mal, de este terrible yugo que nos asfixia y de las cadenas que nos aprisionan."

Sus palabras, casi imperceptibles, le dieron una armadura protectora. Artestes estaba muy hermoso bajo esa luz plateada de la Luna. Dominado por los efluvios equilibrados de su oración, sintió una gran paz y, en este clima de reconfortante esperanza, ni siquiera notó la presencia de su amada, que se había acercado silenciosamente.

Aristona, apenas estuvo libre de aquella orgía, fue a buscarlo.

Necesitaba recuperarse de aquellas bebidas que la obligaban a beber, aunque fuera en pequeñas cantidades. Las drogas estaban comprometiendo su salud física y mental.

Encontró a su amado, arrodillado y lo imitó, escondiéndose detrás de las plantas.

Desde donde estaban podían ver la magnífica luz de la Luna que iluminaba la tierra.

- ¿Estás aquí, Aristona? - Él la miró asombrado.

- Sí, Artestes, yo misma - respondió ella en un susurro, muy pálida.

- ¿No tienes miedo que la gente te vea conmigo? - Preguntó, mirando a su alrededor.

- En este momento todos están borrachos. Cambises también está inconsciente y borracho. No podré cerrar los ojos después de todo lo que presencié esta noche, la imagen deprimente que dejé atrás.

- Yo también lo siento - dijo Artestes.

Escondidos detrás del follaje, los amantes creían que nadie los vería. Había pasado un tiempo desde que tuvieron la oportunidad de encontrarse a solas.

Fortalecidos por su amor, una gran felicidad los invadió y se olvidaron de todo.

Solo querían extrañarse el uno al otro. Sus ojos hablaban de lo que había en su alma. Aquel idilio del corazón no necesitaba palabras, lo importante era el amor. Artestes la envolvió en sus brazos y la besó durante mucho tiempo.

- Mis noches se han llenado de sueños magníficos en los que estás presente, Aristona. ¡Me causa dolor y angustia verte sufrir a manos de Cambises y nada puedo hacer para aliviarte! Me siento como un cobarde.

Besó sus delicados dedos en una confesión misteriosa, sellando su secreto.

- Corazón mío, ya me dije, Artestes, que algún día estaríamos así frente a frente. Este es el único momento que realmente me hace feliz y me da la fuerza para soportar mi vida.

- Dios respondió a mi petición, florcita. ¿Cuándo acabaremos con este cautiverio? ¿Ya has decidido nuestra fuga?

Ella y el sumo sacerdote eran los únicos que sabían de Esmérdis.

- No. Artestes, temo por nuestras vidas. Cambises irá lejos, más allá del mar. No se sabe cuánto tiempo estará ausente. Cuando regrese, nuestro hijo habrá nacido. Entonces todo será más fácil. Esperemos, amado mío.

- Lo que he presenciado hoy, amor mío, me preocupa. Temo por ti y nuestro hijo.

- No pienses, Artestes, en cambiar mi destino, porque ambos sucumbiremos. Dios nunca podrá protegernos de la furia de Cambises si descubre nuestro secreto. No soporta ningún tipo de traición.

- Es un hombre peligroso y nadie vive seguro a su lado - dijo Artestes, deseoso de terminar rápidamente con su sufrimiento.

- Artestes, Cambises necesita amor y comprensión, cuando te sientes amado, te vuelves manso como una oveja - lo defendió Aristona.

Pero el artista sintió celos y se quejó:

- ¿Aun tienes el valor de defenderlo, Aristona?

- Por mucho que quiera odiar a Cambises, no puedo, Artestes. Me siento atrapada por él.

Su amado estaba celoso y Aristona, para aliviar su tormento, lo abrazó afectuosamente.

- Mientras tanto, mi amor, pensemos en ponerle un nombre a nuestro pequeño. ¿O será una niña?

El vientre de Aristona se movió y los dos amantes se olvidaron un poco de quien los hacía sufrir.

La pareja pasó el resto de la noche besándose y juramentos de amor.

- No hace falta nada más, además de sentirme amada, porque mi destino está trazado en estas estrellas que titilan en la bóveda celeste - Aristona estaba triste, convencida que nada podría cambiar su destino, mientras existiera Cambises.

- Sigo siendo feliz de vivir a tu lado, incluso verte de lejos y contentarme con pequeños momentos como este. ¿Me amas, mi flor?

- Sí, Artestes, desde el primer momento que te vi, tus ojos se posaron en los míos, sentí mi alma calentarse como si un rayo de Sol entrara en mi triste vida.

Los dos, encantados por el momento, ni siquiera notaron que el amanecer mostraba su luz.

Al cruzarse con la luz, se separaron de mala gana y cada uno se encargó de retirarse a su habitación lo más rápido posible.

La Venganza

Desafortunadamente, uno de los espías de Cambises fue testigo de este idilio.

El espía solo esperó a que el rey despertara para contarle todo lo que había visto.

Antes, el espía habría ignorado lo que había visto, porque el rey, al enterarse, enloqueció de celos y odio. No hizo nada de inmediato, pero decidió llevar a su amante y a su hermana al mar.

Su venganza sería en alta mar. Evitó a Aristona hasta que se realizó el viaje. Sus ojos destilaban odio y nadie podía evaluar la furia que había invadido su corazón.

Apresuró su viaje.

Aristona, sin sospechar las intenciones de Cambises, lo acompañó hasta el barco para observar las estatuas y objetos que colocaban en su camarote.

Cambises permaneció en silencio durante todo el viaje. Estaba pálido y extraño.

La joven pensó que era consecuencia de la resaca de la noche anterior.

Tan pronto como llegaron, Aristona vio a dos soldados cargando a Artestes y a otros cargando las estatuas. Inmediatamente no entendió lo que estaba pasando y, en esa confusión, no vio que Artestes estaba amarrado.

Miró rápidamente, encontrándolo extraño, pero Cambises estaba a su lado. Intentó no mostrar su curiosidad; sin embargo, pronto entendió de qué se trataba. Vio a los soldados atar a Artestes a la proa del barco.

Fue entonces cuando Aristona empezó a sospechar de la extraña actitud de Cambises.

Su preocupación aumentó cuando vio a Artestes atado a una de las estatuas.

Miró hacia atrás y el barco estaba a unos metros del puerto.

Las torturas comenzaron para desesperación de los dos amantes.

La joven empezó a alejarse y Cambises la abrazó con fuerza.

- ¡Quédate! - Exclamó enojado -. Es para tu deleite. ¡Pagarás por el insulto que me hiciste!

Ella entendió todo, Cambises ya sabía de su romance.

- Déjame ir, pidió, intentando liberarse de sus manos. La obligó a mirar toda la escena.

Artestes ya había sido golpeado mucho, porque su cuerpo sangraba.

El muchacho estaba atado y estirado de pies y piernas entre dos estatuas; le colocaron una tabla en forma de collar alrededor del cuello, impidiéndole mover la cabeza. Así sufrió Artestes durante todo el viaje, bajo el Sol abrasador y las indecibles torturas ordenadas por Cambises.

Aristona se vio obligada a presenciar los malos tratos y, por más que intentó liberarse para no ver la terrible escena, no pudo.

El artista ya se estaba desmayando, su agonía llegó al fin. Cambises, de antemano, brindó por su muerte y la obligó a brindar con él.

Algunos artistas, amigos de Artestes, quedaron completamente aterrorizados ante esta muestra de crueldad, pero nadie podía hacer nada: era mirar o morir.

- ¡Lástima, Cambises! ¡La muerte es menos cruel! - Dijo Aristona en un susurro, mientras abundantes lágrimas caían por su pálido rostro.

Al ver que sus palabras no lo conmovían, continuó:

- Nunca volveré a mirar a otro hombre, excepto a ti, oh Cambises, por lástima, te lo ruego, ¡mátalo!

El extraño brillo de sus ojos la golpeó como un rayo. Su hermano se había vuelto horrible a sus ojos. Esa mirada se lo dijo todo y ella, en ese momento, lo odió con todas las fuerzas de su alma. Quería arrancarle los ojos, arruinarlo y vengar el flagelo que sufría su amado.

Al verlo agonizar, la pobre mujer se sintió como la más vil de las criaturas, incapaz de salvarlo. Con el corazón rebosante de dolor y de odio, avanzó hacia Cambises como una fiera enloquecida.

Los soldados quedaron impresionados por su actitud.

¿Cómo pudo una mujer tan frágil haber adquirido tanta fuerza? - pensaron, observando el ataque y la velocidad de los acontecimientos.

Fue impresionante.

Su furia fue tan grande que llegó hasta Cambises con un certero golpe en uno de sus ojos. Los soldados; sin embargo, le impidieron continuar.

Cambises se puso rojo de rabia y ordenó que la ataran delante del joven moribundo.

- ¡Te odio, Cambises, te odiaré por el resto de mi vida! - Gritó enfurecida. Parecía una leona, y si los soldados la hubieran soltado, tal vez habría matado a su hermano o se habría arrojado al mar.

Cambises, borracho, se reía, con aspecto de genio infernal, mientras la veía luchar. Un hilo de sangre corrió de su rostro, causado por el anillo de Aristona que le golpeó en el ojo.

Aristona no pudo soportar el esfuerzo y se desmayó. Se salvó de ver el final de aquel a quien había jurado amar para siempre.

Ebares, uno de los oficiales de Cambises, se compadeció y la ayudó.

Afortunadamente, Cambises no se opuso y permitió que la llevaran al interior del barco. Ella ya había visto lo suficiente como para recordar que nunca debería haberlo confrontado. Artestes, aun vivo, fue arrojado al mar con las dos estatuas.

- ¡Que se ahogue, traidor! - Gritó al verlo caer al agua, no quería que Aristona buscara su cuerpo, sumergido en el mar.

El rey llegó al final de la proa y brindó al mar por habérselo tragado.

Los soldados, temerosos, miraron a Cambises. Su rostro estaba impasible, solo el viento alborotaba su cabello e hizo temblar su ropa. Por un momento pensaron que les iba a ordenar que mataran a su propia hermana.

Para alivio general, no hizo nada que pudiera dañar la vida de su hermana. El mar golpeaba violentamente el casco del barco.

Él simplemente dijo:

- ¡Remen hasta tierra!

Esa tarde fue terrible para todos los que amaban al artesano.

La Princesa infeliz

Después del horrendo episodio, la vida de Aristona se volvió mil veces peor que antes.

Quizás hubiera sido mejor caer al mar y morir con Artestes.

"¡Oh! Dios mío, ¿por qué no salté al mar?" - Pensó la joven, deprimida.

Nefer y Mirtes, sus doncellas, hicieron todo lo posible para animarla.

- Aun tienes a tu hijito para animarte - le dijeron en un intento de consolarla, sospechando que el heredero al trono era el hijo del artista.

Días después, Cambises entró en la habitación, poseído, porque ella no reaccionaba.

Aristona notó que él había entrado allí, pero ni siquiera lo miró. Verdadero odio albergaba en su corazón hacia quien le había quitado la felicidad, y ahora solo pensaba en morir. No quería volver a mirarlo nunca más.

- ¿Por qué me engañaste, Aristona? - Preguntó con más dulzura al verla recostada así.

Ella permaneció indefensa, parecía que ni siquiera respiraba.

Se acercó y la tocó, pero Aristona se volvió hacia él con todo el odio de su alma y lo último de sus energías:

- Te odio, Cambises, por todo lo que has hecho. Yo también quiero morir como él - suplicó.

Al escuchar sus palabras, los celos se le subieron a la cabeza.

- ¡No, no morirás! ¡Infeliz, tendrás que vivir para tu castigo! - Exclamó, celoso.

- ¡Mátame, Cambises! Mi hijo nunca te llamará padre.

Sus palabras penetraron su corazón como una daga afilada.

- ¡Mi hijo es de Artestes! ¡Solo a él lo amaré! - Exclamó para vengarse con palabras, ya que no podía hacerlo con un arma.

Ni siquiera el tirador más hábil de su reino habría podido dar en el blanco, tanto como sus palabras que lo hirieron en lo más profundo de su ser.

- ¡Mentiste, traidora! - Furioso y ciego, Cambises, desde donde estaba, simplemente levantó la pierna derecha y le dio una violenta patada en el estómago. Su odio era tan grande que bajo el impacto del golpe, Aristona se desmayó.

Debilitada por el sufrimiento y los malos tratos, perdió el fruto de su amor y, a consecuencia del aborto, murió.

Cambises, taciturno y silencioso, no lloró a su hermana y pasó semanas completamente aislado.

No quería ver a nadie más. Parecía un fantasma acechando de un rincón a otro.

El palacio había caído en una nube negra y todos se sentían mal. Los consejeros intentaron acercarse, pero el rey seguía sumido en sus oscuros pensamientos.

Nadie podía adivinar lo que vendría después de su completo silencio.

Traición

El rey logró salir de ese aislamiento y su alma parecía haber entrado en un profundo letargo. Se entregó en cuerpo y alma a la organización de su ejército para la conquista de Etiopía.

Su siguiente paso fue fortalecer su ejército y expandir su colosal imperio.

Las noticias que le llegaron desde Persia no fueron alentadoras. Estaba seguro que sus gobernantes lo estaban traicionando. Para poner fin a sus preocupaciones, el rey decidió eliminar a sus enemigos. Sin pensar en las consecuencias, sin escuchar a sus asesores, ordenó arrestar a varios miembros de la realeza que tuvieron la audacia de desafiar sus órdenes y los enterró vivos. Entre estos nobles se encontraba Hystaspes.

Toda Persia empezó a temerle aun más después de esta masacre.

Las presiones cesaron. El rey y su ejército se establecieron en Ecbátana, a la espera de alguna noticia desfavorable para atacar.

Toda Persia temía la venganza del rey y su jefe.

El gobernante Hystaspes también había sido asesinado misteriosamente.

Udjahorresne, el médico egipcio, se había aliado con Darío, llevado por su interés en gobernar Egipto y por la agresión de Cambises contra los sacerdotes de su país. El estrado simplemente estaba esperando una oportunidad para eliminar a Cambises.

Las noticias de las atrocidades del rey llegaron a las provincias.

Esmérdis, el príncipe persa

Esmérdis, permaneció en su escondite.

Se enteró de los abusos de Cambises y de la muerte de su hermana. Consternado, el príncipe lamentó la actitud de su hermano. Era hora de actuar y cambiar la triste situación, antes que las cosas empeoraran.

El príncipe, durante su exilio, formó un colegio de magos. Esmérdis esperaba el momento exacto en el que debía presentarse ante Cambises para apoyar la revuelta que se tramaba para eliminarlo.

Pero las acciones irreflexivas de su hermano hicieron que Esmérdis actuara por su cuenta.

Persia lo necesitaba. Ya era hora que se presentaran aquellos que pensaban que estaba muerto.

Él y los magos partieron hacia Susa, donde estaba Prexaspes.

Antes de partir, Esmérdis agradeció a Ranofer por el refugio que le había brindado y las sabias enseñanzas que había recibido.

Él y Ranofer se comunicarían tanto como fuera posible. Cambises estaba en las proximidades de Ecbátana con su ejército.

Esmérdis, informado de los pasos de su hermano y de la rebelión que se estaba formando, ideó un plan para desenmascarar a quienes atentaban contra su vida y, ahora, querían eliminar a Cambises y hacerse con el gobierno.

Cambises estaba en peligro. Esmérdis se disfrazó y entró en Susa como un extraño. Nadie lo reconoció.

Los magos que lo acompañaban estaban atentos, por si Bardya necesitaba su apoyo.

Prexaspes gobernó en lugar de Hystaspes y creía que Esmérdis estaba muerto. Había desaparecido por algún tiempo. Cambises había cesado la búsqueda.

Todos empezaron a creer que realmente estaba muerto, de hecho, se rumoreaba que el rey había asesinado a su propio hermano para disfrutar de todo el imperio.

Esmérdis pasó por alto a los guardias y entró en la habitación de Prexaspes por la puerta que estaba medio cerrada.

Llamó a su compañero:

- ¡Prexaspes!

Esa voz familiar hizo que Prexaspes se estremeciera. Pero el mago estaba irreconocible, había perdido peso y perdido su tez oscura.

- ¿Quién eres? - Preguntó asustado, apoyándose en la mesa para no caer.

- Soy yo, Tanaoxares - respondió Esmérdis, con una sonrisa.

Sorprendido, Prexaspes creyó que alguien jugaba con él y llamó a los guardias:

- Guardias, arresten al impostor.

Ante esa orden inesperada, Esmérdis no tuvo tiempo de responder.

- ¿No me crees, Prexaspes? ¿O temes mi presencia? - Preguntó, lleno de extrañeza.

Los guardias entraron y arrestaron a Esmérdis, quien no reaccionó, seguro que pronto sería reconocido como hijo del rey.

"¡No es posible! Alguien se está aprovechando de la situación y se hace pasar por Esmérdis. Necesito averiguar los hechos antes de declarar que este hombre es realmente Bardya" - pensó Prexaspes, mientras ganaba tiempo.

Temeroso que aquel hombre fuera un mentiroso, quiso interrogarlo para saber si decía la verdad.

A todo lo que le preguntaron, Esmérdis respondió con firmeza.

Solo después del interrogatorio Prexaspes se rindió.

- ¡Esmérdis, el sabio! – Dijo asombrado -. Hijo de Ciro, Dios mío, ¿dónde has estado, hombre, todo este tiempo? - Dijo Prexaspes, convencido que se enfrentaba a Bardya.

Esmérdis contó su historia, pero omitió el intento de asesinato, ya que era parte de su plan.

- ¡Cambises necesita saber, urgentemente, que estás vivo, Esmérdis!

Esmérdis observó a Prexaspes y el lujo en el que vivía, rodeado de la más fina platería y su oficina forrada de ricas alfombras y finas esteras; nada le recordaba al antiguo escudero de Cambises.

El mago se mantenía al tanto de los asuntos de los demás reinos, de su hermana y de Darío, y tenía la impresión que su presencia le producía cierto malestar a Prexaspes.

Venía a reclamar su lugar. Prexaspes dejó que su decepción se reflejara en sus actitudes. ¿Se habría aliado con Darío?

Esta duda atormentaba a Esmérdis, pero ella se mantuvo firme en sus objetivos.

- ¡Cambises necesita saberlo urgentemente! - Volvió a decir Prexaspes, ya que él mismo había dudado de Cambises, pensando que había ordenado matar a su hermano -. ¡Oh! ¡Bardya, yo que juzgué a Cambises!

Parecía sincero, pensó Esmérdis, atento a cada movimiento.

- A partir de hoy ocuparé mi lugar, destinado por Ciro, mi padre. En cuanto a ti, oh, Prexaspes seguirás sirviendo a la corona y siguiendo mis órdenes hasta que regrese Cambises, porque creo que nadie le ha sido tan fiel como tú.

Prexaspes no tuvo otro camino que entregarlo y enviaron correspondencia a las provincias notificando que el mago estaba vivo y había llegado a asumir el gobierno general de las provincias.

Darío

Tan pronto como Darío escuchó la noticia, salió apresuradamente de Ecbátana, donde vivía con gran ostentación; él y Atossa fueron a verificar la veracidad de estos hechos. No dijo nada a nadie. Primero quería asegurarse, ya que creía que Esmérdis estaba muerto.

Suspendió la emboscada que había preparado a Cambises, ya que esta advertencia podría ser una estratagema suya para confundirlos. Había que tener cautela. Nunca se sabía dónde estaban escondidos los ojos y los oídos del rey.

Estaba seguro que Bardya estaba muerto.

Como precaución, preparó a sus aliados y envió heraldos por todo el reino, advirtiendo que un mago había revelado la identidad del Príncipe Esmérdis. Todos debían mantenerse alerta, porque iba a matar al impostor.

La emboscada fue pospuesta.

Y Darío partió sin demora hacia Susa, para desenmascarar al falso mago.

Udjahorresne lo acompañó, pues ambos no podían equivocarse.

Cuando llegaron a Susa, Prexaspes los estaba esperando. Después de discutir la apariencia del Príncipe Esmérdis, Prexaspes declaró la verdad a los dos que lo escuchaban, decepcionados y sorprendidos:

- Darío, lo descubrí por mí mismo. Y Bardia, hermano de Cambises.

- ¿Cómo? ¡Si estaba muerto! - Afirmó Darío, firmemente.

- Sí, lo sé, pero el hombre tiene la semejanza de Esmérdis Tanaoxares, hijo de Ciro.

- No. No puede ser. ¿Dónde está el impostor? - Preguntó Darío, nervioso -. Sus hombres dijeron que lo habían matado, pensó, convencido que aquel hombre era un fraude.

Mientras Prexaspes salió a avisar a Esmérdis que habían llegado, Darío y Udjahorresne hablaron en voz baja.

- Es necesario que todo se resuelva lo antes posible, porque Cambises marcha hacia Ecbátana con su ejército - explicó Udjahorresne, que temía la fuerza del rey.

- No temas, Udjahorresne, Cambises está perdido. Hystaspes hizo un buen trabajo y les daré a los persas lo que esperan. Vengaré la muerte de mi padre. Góbrias solo está esperando una señal para actuar. Toda la nobleza está a nuestro favor.

El único que todavía goza del favor de Cambises y Prexaspes, pero pronto sabrá con quién está tratando.

Dicho esto, entró Prexaspes y los llamó:

- Vengan, señores, y vean la verdad. ¡Él y Bardya!

En la sala del tribunal, Esmérdis se sentó tranquilamente. Junto a él permanecían de pie los siete magos que lo acompañaron desde Egipto.

Darío se estremeció, porque nunca esperó encontrar allí al verdadero Tanaoxares.

- Te estaba esperando, Darío, para un ajuste de cuentas - dijo Bardia sin miedo.

Perplejo, Darío perdió la voz.

Ese hombre estaba solo un poco más delgado y lo miraba triunfalmente. Udjahorresne y Darío se miraron asustados.

No lo podían creer o estaban frente a un fantasma.

- Los fantasmas no son palpables, ¿entonces tus hombres te engañaron o fueron engañados?

Todo eso pasó por el cerebro de Darío, quien no quitaba los ojos de encima al mago.

Udjahorresne se encontró perdido e intentó aclararse ante Esmérdis.

- Eres tú, Esmérdis, en carne y hueso, me alegra saber que no moriste - dijo Udjahorresne, intentando liberarse de su propia piel.

- No finjas, Udjahorresne. Conozco todas tus conspiraciones. ¡¿Pensaste que había muerto?! - Luego se volvió hacia Darío:

- ¡Darío, nunca pensé que traicionarías al rey! Lamentablemente no tienes el mismo temperamento que tu padre, Hystaspes, él al menos tenía una virtud, fue leal a Ciro, hasta su muerte - dijo Esmérdis, irónicamente.

Darío no había dicho una palabra hasta ese momento.

Al juzgar que los hermanos tenían un acuerdo previo para reunirse, decidió negarlo todo, para ganar tiempo.

Su cabeza maquiavélica empezó a idear un plan. La única manera era presentar un culpable que lo liberara de ese complicado callejón sin salida, o demostrar que ese hombre era un impostor que estaba interfiriendo aprovechándose de la situación rebelde que atravesaban.

Después de todo, Prexaspes era un obstáculo para sus planes, sin duda si Cambises insistía en quedarse en Egipto, se convertiría en gobernador de las provincias.

Aquel Esmérdis bien podría hacerse pasar por un farsante, un impostor, y los eliminaría a ambos.

El pueblo no sería tonto si creyera en esos magos que resurgieron de la nada.

Tendría que actuar rápidamente antes que los demás vinieran a identificarlo.

Aprovecharía este momento y convocaría a los nobles persas que estaban enojados con Cambises; juntos vengarían la muerte de su padre y de los demás persas a los que había ordenado asesinar.

- Príncipe Esmérdis, hijo de Ciro, ¡me alegro que estés vivo y dominando las provincias! - Dijo, esforzándose por ser convincente y ganar tiempo -. Informemos a Cambises, que se encuentra cerca de Ecbátana, que ahora podremos regresar a Egipto y terminar la construcción que se ha iniciado.

El mago sabía que mentía, pero no tenía pruebas para arrestarlo, lo mejor sería dejarlo ir y, a su vez, monitorear sus acciones.

- Luego de preguntas sobre dónde había estado todo este tiempo y qué le había pasado, Esmérdis pensó en respuestas, volviendo a sus deberes y despidiéndolos.

Sin embargo, las noticias de las provincias de Darío sobre el engaño del príncipe se habían extendido y él explotaría esa confusión para actuar y avivar la revuelta por todas partes. Al salir del palacio, desde el primero hasta el último que encontró, Darío y Udjahorresne iban diciendo que un falso mago se había apoderado del trono.

No había pruebas contra ellos y Prexaspes no tenía autoridad para arrestarlos en Susa.

En Ecbátana

Cerca de Ecbátana, el gran ejército entrenaba, mientras fabricaban nuevas armas y armaduras.

La noticia que el príncipe Esmérdis estaba vivo y en Persia causó gran confusión.

Cambises no sabía qué creer.

Entre sus generales y soldados se hablaba de las historias más absurdas. Nadie sabía a ciencia cierta qué estaba pasando realmente, tal era la serie de rumores extendidos por las provincias.

La noticia más convincente que llegó a Cambises fue que Esmérdis había estado escondido todo este tiempo porque quería provocar una rebelión y quitarle el poder.

Otro rumor era que la aristocracia persa no quería reconocer a Esmérdis porque querían eliminar a los descendientes de Ciro y elegir un nuevo rey.

Lo cierto es que Cambises sentía curiosidad y algo conmovido ante la posibilidad que Esmérdis estuviera vivo. Pero hablar de la posibilidad de una rebelión y que su hermano estuviera involucrado le irritaba.

Su mente ya no podía albergar semejante noticia, quería ver a Prexaspes, él era el único que podía calmarlo. Esa noticia realmente lo impactó.

Como resultado de su alterado estado psicológico, el rey sufrió un ataque epiléptico mientras examinaba su espada. Durante la crisis le fue imposible quitarle el arma, y acabó hiriéndose en uno de sus muslos con su propia espada.

El rey ensangrentado fue llevado inmediatamente a la cama y tratado, pero la herida era muy grave. El arma impactó varias veces en el mismo lugar y abrió una enorme herida. La sangre fluía abundantemente y solo con mucho esfuerzo el médico pudo detenerla. Cambises había perdido mucha sangre y su gran energía física había decaído.

En cuanto el rey pudo hablar, quedó muy confundido, pero ordenó a sus súbditos:

- Envía un emisario de confianza a Prexaspes y dile que venga en persona con el mago que se dice es el Príncipe Esmérdis.

Darío todavía estaba en Susa cuando supieron que Cambises estaba gravemente herido.

- Esmérdis, ¿por qué no vamos a donde está Cambises? - Preguntó Prexaspes, preocupado por la salud de Cambises.

Esmérdis; sin embargo, se negó a acompañarlo, pues sabía que Darío solo estaba esperando su ausencia para levantar la rebelión que ya había iniciado y sacarlo del poder.

- Ve, Prexaspes, dile a Cambises que lo estoy esperando.

En el palacio había guardias armados por todas partes.

Prexaspes se retiró acompañado de algunos hombres y se dirigió al campamento de Cambises.

Darío y Udjahorresne buscaron a la aristocracia persa que detestaba a Cambises y comenzaron sus planes para quitarle el poder a Cambises y desenmascarar al mago.

La Muerte del rey

Prexaspes encontró al rey muy enfermo, su agonía no tenía explicación.

Tenía la boca seca y dolorida por la fiebre.

Había perdido peso y gritaba de dolor.

- ¡Toquen, hombres! ¡Llevemos al rey a Ecbátana! - Ordenó Prexaspes al ver que ya no podía coordinar su mente.

Cambises, en el apogeo de su fiebre, tuvo visiones que le dañaron más que la herida.

Entre gritos y lágrimas, el rey soltó algunas frases:

- No hay mayor daño que un hombre pierda su dignidad. ¡Oh! Ciro, ¿por qué no te escuché? - Empezó a llorar.

Prexaspes y los soldados persas que acompañaban aquel fin quedaron consternados por la agonía de su soberano a quien había amado y que los había coronado de bienes.

Entonces el rey gritó de dolor como si todos los fantasmas de Amenti estuvieran pegados a su frente.

- ¡Aléjate, maldita sea! ¡Por Moloch! Dios infernal que me traicionó! ¡Todos huyan! - Gritó de dolor y desesperación.

Empapado en sudor, vio a Aristona que lo maldecía. El espíritu de la hermana, cuando llegó, le causó tanta agonía, lloró, arrepentido, como un niño. Aquellos fueron los peores momentos para quienes lo observaron.

Sus soldados se lamentaron y se postraron en tierra, pidiendo misericordia al rey.

Se arrodillaron, colocaron sus armas en la arena y pidieron a Dios por su rey, cuando se dieron cuenta que ya no podía soportar más el sufrimiento.

El viaje se convirtió para ellos en un tormento.

- ¡Agua! ¡Agua! - Gritó febrilmente Cambises. Bebió agua y no estaba contento -. ¡Agua! ¡Los mataré a todos por negarle agua al rey! - Gritó, sosteniendo la rica taza.

- ¡Aristonaaaa! ¡Maldición! ¿Por qué me traicionaste? - Le gritó al espíritu que tenía delante.

- ¡Te ríes, Aristona! ¡Ríete de mi sufrimiento!

Susurró con voz ronca e impotente con la garganta en carne viva y seca.

Unos buitres sobrevolaban el lugar al notar el olor a carne podrida.

Llegaron como de mal augurio, anunciando diversión. Un soldado disparó una flecha y eliminó a un buitre, que cayó asustando a los demás.

Ante el mal augurio, otro buitre insistió y batió sus alas cerca de ellos. Se disparó otra flecha y cayó.

Todavía estaban lejos de Ecbátana

Un gran silencio se hizo allí, entre ellos, y sin saber por qué, sintieron una sensación muy extraña.

El tiempo se detuvo.

Y entonces, ¿qué sucede cuando una gran entidad se acerca a los mortales? Una ola de magia trasciende el aire que respiran los vivos. Los soldados bajaron la cabeza en señal de respeto.

Era la llegada del gran rey de Persia, Ciro, que venía a encontrarse con su hijo moribundo.

- ¡Padre mío, te tomó tanto tiempo! - Dijo finalmente, entre lágrimas, al ver la figura de su padre.

El enfermo estiró los brazos en el aire y todos se dieron cuenta que estaba ocurriendo una acción sobrenatural.

La vibración del espíritu de Ciro envolvió a los presentes y algunos sujetos, que poseían clarividencia espiritual, instintivamente se arrodillaron ante aquella majestad que estaba allí al lado del lecho del moribundo.

Prexaspes también vio al querido rey. Para él, era una prueba indiscutible de lo que el rey siempre les había enseñado: el espíritu podía comunicarse con los vivos.

La visita fue rápida, pero tan intensa que nadie se atrevió a decir una palabra.

Cambises lloró cuando su padre se alejó.

Sus sollozos le rompieron el corazón, arrepintiéndose de lo que había hecho.

Otro día y una noche más de agonía transcurrieron en el desierto. Cambises temblaba como una vara de bambú al viento y su energía vital llegaba a su fin.

Los soldados que pasaron esos días escuchando sus lamentos se miraron asustados, al no escuchar nada más de aquella boca, cuyas mandíbulas estaban heridas de tanto luchar.

Fue el final.

Muchos lloraron y se rasgaron la ropa en señal de dolor.

Estaban cerca de Ecbátana.

Los buitres volaban silenciosos como manchas oscuras en el cielo índigo.

La Historia está hecha de oportunidades

Cinco meses después, Darío encabezó una rebelión contra Esmérdis y sus compañeros.

El motín fue provocado para que los persas creyeran que Bardya era un falso mago en el poder.

Un gran impostor que tomó el lugar del Príncipe Esmérdis.

Prexaspes intentó demostrar que aquel mago era Tanaoxares, el hijo de Ciro.

Los persas, a pesar de conocer la integridad moral del escudero del rey, no le perdonaron su lealtad a Cambises.

Darío era el favorito de los nobles persas y aprovechó la oportunidad para deshacerse de Prexaspes, acusándolo de haber asesinado a Esmérdis por orden de Cambises.

Prexaspes se negó a mentir a los consejeros imperiales y continuó afirmando que el hombre era el príncipe Tanaoxares, hijo de Ciro.

- ¡Caballeros, examínenlo! - Intentó Prexaspes alzando la voz.

Darío estaba con la mayoría.

El Bardya había sido encarcelado en el calabozo con los magos, sus soldados no pudieron hacer nada. Sin nadie que lo apoyara, el fiel amigo de Cambises, sabiendo las humillaciones que sufriría a manos del enemigo, dijo a los ministros:

- Prefiero la muerte, señores, porque mi deber, como todo persa, es decir la verdad, solo la verdad. Yo no maté a Esmérdis.

¡Ese hombre a quien acusan de mentiroso es Tanaoxares, el hijo de Ciro! Él es el heredero vivo del gran rey, a quien todos debemos reverencia. Él es el heredero del rey. El último heredero aqueménida, pero está encarcelado en un calabozo. ¿Quizás desean colocar al verdadero asesino del rey en el trono persa? - Dicho esto, y estando perdido, se suicidó allí, delante de todos.

La actitud de Prexaspes avergonzó a varios persas, porque conocían su alta moral.

Era su palabra firmada con su sangre.

Darío, apoyado por la fuerte nobleza de Persia, al ver que algunos estaban indecisos, se levantó y pronunció un largo discurso sobre las iniquidades religiosas que Cambises deseaba introducir tanto en Persia como en Egipto. Prometió al pueblo que todas las leyes establecidas en el Avesta serían respetadas.

Los persas, descontentos con los magos, quisieron deshacerse de ellos, y como no confiaban en aquel impostor, y Darío les mostró el valor suficiente para desenmascararlo, intercambiaron ideas entre ellos.

Aprovechando el momento oportuno, el pretendiente a la corona ordenó que trajeran a Esmérdis y a los magos, que estaban encarcelados, y los sometieran a dolorosas torturas.

Después de "probar" que Bardya era en realidad un mago impostor, lo asesinaron brutalmente.

Los dos hijos varones de Ciro estaban muertos y no había nadie allí para reclamar la corona.

Los nobles persas proclamaron rey a Darío.

Este monarca, al ascender al trono, se propuso borrar el nombre de Cambises II en todos los lugares donde estuviera registrado.

FIN

EPÍLOGO[38]

El espíritu de Cambises vagaba solo por la llanura desértica...

Sus gemidos se mezclaron con los del viento, que arrastraba la arena creando nuevas montañas.

Nadie alrededor para escuchar sus aullidos de dolor y sus tristes lamentos.

¿De qué servía gritar, en aquel desierto, donde solo harapos humanos vagaban como sombras de la noche revoloteando sobre su cadáver?

El pobre monarca, ante su indigencia, bajó su altiva frente y lloró.

Su reino había desaparecido, su corte ya no estaba disponible a su disposición. Nadie a quien ordenar.

Permaneció así, postrado, en la más profunda soledad, hasta que, rendido a sí mismo, recordó las enseñanzas de su padre.

Al recordar a Ciro, una fuerte ráfaga levantó la arena del desierto y vio, entre la bóveda y la tierra, la majestuosa figura del rey.

El espíritu del que había sido su padre lo vigilaba sumamente serio.

---

[38] En la novela *"Cadenas Doradas"*, de la misma médium, escrita por el espíritu de Rochester, se inserta en la página 249, edición n° 1, marzo de 2002, de la editorial Lirio Editora Espfrita, de Araguari, MG, una observación sobre algunos de los personajes de esta novela, donde el autor espiritual afirma que Jerónimo Mendonça Ribeiro, nacido en Ituiutaba - MG, fue la encarnación de Cambises II, rey de los persas.

Sus labios no podían articular palabras; su voz; sin embargo, sopló claro como el viento.

Cambises le oyó claramente decir:

- Pobre hijo, descuidaste el rebaño que te encomendé. ¡Olvidaste mi consejo y ahora tiemblas de dolor! No tiene sentido lamentar el tiempo perdido. ¡Levántate! La campana del recuerdo sonó una vez más. Es hora de empezar de nuevo. Tienes una gran deuda, hijo mío: levantar a los caídos y sostener a los débiles que dejaste atrás. ¡Bajo tu mando, resucitarían los nobles sentimientos que mataste con espada y látigo! Recupera tu valor. El lamento solo pospondrá nuestra ascensión. Falta poco para que el Cordero de Dios surja de las resplandecientes auroras, a las que solo está permitido el acceso a quienes visten el manto blanco de la pureza.

Al oír la alusión paternal, Cambises gimió melancólico. Su padre continuó:

- Pronto la humanidad terrenal conocerá el verdadero esplendor del Sol de Osiris. Tú; sin embargo, nunca lo verás, a menos que seas completamente puro.

Avergonzado por esas palabras, su espíritu rebelde y altivo quiso contraatacar. Algo extraño lo estaba deteniendo. Cambises se quedó sin palabras, había cedido al desánimo. Solo un ancla poderosa podría levantarlo.

Un silencio helado envolvió a los dos espíritus.

Tras las últimas impresiones de Ciro, una linterna se encendió en otra parte del desierto.

Vieron a Ranofer, el sumo sacerdote de Amón. Un gran respeto los invadió.

Silenciosos y sombríos, esperaron a aquella entidad iluminada, cuya excitación moral los sobrepasó.

Oyeron su voz penetrar en ellos, parecía hundirse en lo más profundo de sus conciencias palabras de fuego:

- No pierdan el tiempo, niños. En las arenas de este desierto, en el oasis de Judea... Y allí, en el Jordán de nuestras vidas, la lira cantará el canto del amor sublime. Más allá de las montañas, el Sol de Osiris alumbraba con su luz divina.

Todos los hombres de la tierra lo saben. ¡Bienaventurados aquellos que pueden ver su luz! ¡Feliz el que sigue sus huellas hasta el fin!

La entidad guardó silencio.

El silencio continuó entre Ciro y Cambises. Ambos sabían que no les sería posible ver al Redentor en persona y sus rostros se oscurecieron.

Se miraron asustados y vieron la figura de Ranofer, envuelta en luz, desaparecer de frente.

Ciro retomó su antigua postura. Saludó con la mano y un grupo de soldados armados emergió de las llanuras arenosas para seguir a su gran general.

Cambises, desconsolado, permaneció allí, con la cabeza gacha, sin saber qué dirección tomar.

Todo a su alrededor estaba árido y desierto, cuando una risa sarcástica lo golpeó como una lanza de fuego, despertándolo.

- ¡No! - Gritó bloqueando su visión al notar al visitante.

Era Moloch quien había venido a atormentarlo, riéndose de su desgracia.

- ¡Piérdete, oh dios infernal! - Lo rechazó, severamente.

- ¡Todos te abandonaron, pero yo me quedé…! – Respondió la entidad, maliciosamente -. Nadie se apiadó de ti, príncipe, ¿por qué me rechazas?

- Te odio Arimá ¿Aléjate de mí o preferirías que te destruya?

- Nunca seré destruido. Soy la sombra que muestra la luz. Soy la antítesis del bien. ¡Me necesitan! No puedes destruirme, príncipe. Soy la serpiente que vive en el centro del mundo. Soy el jefe de la falange rebelde, sin la cual la luz inundaría el globo y ya no verías la forma bruta.

- ¡Basta! - Repelió Cambises, cansado. Se escuchó otra risa siniestra.

- ¡Infeliz! ¿Quieres abandonar el placer que la materia impone a los sentidos?

- No - respondió débilmente el príncipe.

- No me rechaces más. Te ofreceré el elixir que calentará tu cuerpo - dijo Arimá triunfalmente.

Un frío envolvió a Cambises, que se volvió glacial como una montaña de hielo.

Se puso de pie, orgulloso, pero cansado de aquel infernal debate que lo había agotado.

Le dio la espalda al genio malvado y trató de liberarse.

Pero ante él se extendía un gran enigma, más misterioso y más fuerte que todos los sofismas.

Y vio una inmensa duna de arena transformarse en un reloj de arena gigante.

Asombrado, Cambises vio caer enormes granos de arena, uno tras otro, obedeciendo al mismo ritmo y a la misma cadencia.

Su voz sonaba melancólica:

- ¡Siempre seré este eterno enigma!

Rochester.

Ituiutaba, MG verano de 2003

Grandes Éxitos de Zibia Gasparetto

Con más de 20 millones de títulos vendidos, la autora ha contribuido para el fortalecimiento de la literatura espiritualista en el mercado editorial y para la popularización de la espiritualidad. Conozca más éxitos de la escritora.

Romances Dictados por el Espíritu Lucius

La Fuerza de la Vida

La Verdad de cada uno

La vida sabe lo que hace

Ella confió en la vida

Entre el Amor y la Guerra

Esmeralda

Espinas del Tiempo

Lazos Eternos

Nada es por Casualidad

Nadie es de Nadie

El Abogado de Dios

El Mañana a Dios pertenece

El Amor Venció

Encuentro Inesperado

Al borde del destino

El Astuto

El Morro de las Ilusiones

¿Dónde está Teresa?

Por las puertas del Corazón

Cuando la Vida escoge

Cuando llega la Hora

Cuando es necesario volver

Abriéndose para la Vida

Sin miedo de vivir
Solo el amor lo consigue
Todos Somos Inocentes
Todo tiene su precio
Todo valió la pena
Un amor de verdad
Venciendo el pasado

Otros éxitos de Andrés Luiz Ruiz y Lucius

Trilogía El Amor Jamás te Olvida
La Fuerza de la Bondad
Bajo las Manos de la Misericordia
Despidiéndose de la Tierra
Al Final de la Última Hora
Esculpiendo su Destino
Hay Flores sobre las Piedras
Los Peñascos son de Arena

Otros éxitos de Gilvanize Balbino Pereira

Linternas del Tiempo

Los Ángeles de Jade

El Horizonte de las Alondras

Cetros Partidos

Lágrimas del Sol

Salmos de Redención

El Hombre que había vivido demasiado

Libros de Eliana Machado Coelho y Schellida

Corazones sin Destino

El Brillo de la Verdad

El Derecho de Ser Feliz

El Retorno

En el Silencio de las Pasiones

Fuerza para Recomenzar

La Certeza de la Victoria

La Conquista de la Paz

Lecciones que la Vida Ofrece

Más Fuerte que Nunca

Sin Reglas para Amar

Un Diario en el Tiempo

Un Motivo para Vivir

¡Eliana Machado Coelho y Schellida, Romances que cautivan, enseñan, conmueven y pueden cambiar tu vida!

Romances de Arandi Gomes Texeira y el Conde J.W. Rochester

El Condado de Lancaster

El Poder del Amor

El Proceso

La Pulsera de Cleopatra

La Reencarnación de una Reina

Ustedes son dioses

Libros de Marcelo Cezar y Marco Aurelio

El Amor es para los Fuertes

La Última Oportunidad

Nada es como Parece

Para Siempre Conmigo

Solo Dios lo Sabe

Tú haces el Mañana

Un Soplo de Ternura

Libros de Vera Kryzhanovskaia y JW Rochester

La Venganza del Judío
La Monja de los Casamientos
La Hija del Hechicero
La Flor del Pantano
La Ira Divina
La Leyenda del Castillo de Montignoso
La Muerte del Planeta
La Noche de San Bartolomé
La Venganza del Judío
Bienaventurados los pobres de espíritu
Cobra Capela
Dolores
Trilogía del Reino de las Sombras
De los Cielos a la Tierra
Episodios de la Vida de Tiberius
Hechizo Infernal
Herculanum
En la Frontera
Naema, la Bruja
En el Castillo de Escocia (Trilogia 2)
Nueva Era
El Elixir de la larga vida
El Faraón Mernephtah
Los Legisladores
Los Magos
El Terrible Fantasma

El Paraíso sin Adán
Romance de una Reina
Luminarias Checas
Narraciones Ocultas
La Monja de los Casamientos

Libros de Elisa Masselli
Siempre existe una razón
Nada queda sin respuesta
La vida está hecha de decisiones
La Misión de cada uno
Es necesario algo más
El Pasado no importa
El Destino en sus manos
Dios estaba con él
Cuando el pasado no pasa
Apenas comenzando

Libros de Vera Lúcia Marinzeck de Carvalho y Patricia

Violetas en la Ventana
Viviendo en el Mundo de los Espíritus
La Casa del Escritor
El Vuelo de la Gaviota

Vera Lúcia Marinzeck de Carvalho y Antonio Carlos

Amad a los Enemigos
Esclavo Bernardino
la Roca de los Amantes
Rosa, la tercera víctima fatal
Cautivos y Libertos
Deficiente Mental
Aquellos que Aman
Cabocla
El Ateo
El Difícil camino de las drogas
En Misión de Socorro
La Casa del Acantilado
La Gruta de las Orquídeas
La Última Cena
Morí, ¿y ahora?
Las Flores de María
Nuevamente Juntos

Libros de Mônica de Castro y Leonel

A Pesar de Todo

Con el Amor no se Juega

De Frente con la Verdad

De Todo mi Ser

Deseo

El Precio de Ser Diferente

Gemelas

Giselle, La Amante del Inquisidor

Greta

Hasta que la Vida los Separe

Impulsos del Corazón

Jurema de la Selva

La Actriz

La Fuerza del Destino

Recuerdos que el Viento Trae

Secretos del Alma

Sintiendo en la Propia Piel

World Spiritist Institute

www.ingramcontent.com/pod-product-compliance
Lightning Source LLC
LaVergne TN
LVHW041806060526
838201LV00046B/1153